古道仙蹟

尋訪阿公林衡道
走讀新鮮事

林嘉澍——著

自序

我的外公是人稱「古蹟仙」的已故台灣古蹟權威林衡道教授，現今全台灣的古蹟、傳統建築，幾乎都是在民國七十年代由他主導，與當時的專家學者們共同指定。

外公雖貴為林本源大房益記長公子，卻生活簡樸。因不擅家事，家中有一位管家照顧生活起居，常自嘲是「末代少爺」。他常帶著學生們以及對古蹟學習有興趣的群眾全台走透透，拜訪古剎老厝，完全沒有少爺的架子，可說是古蹟界走讀導覽的始祖。他的牛伯伯皮鞋、白蘭洗衣粉手提袋、黑色雨傘等招牌形象，至今仍長存許多人心中，為人津津樂道。

當我五、六歲時，每逢外公帶古蹟導覽，就帶著我一起去，幫他提包包。但當時我太小，根本聽不懂，只知道休息時間就有不一樣的小吃可以吃，鹿港有蚵仔煎、艋舺有紅龜粿、台南有春捲、布丁，而且結束時還能人包小包帶回家；有吃有玩，對一個小孩來說是件樂事，就越來越喜歡跟外公去看古蹟，也不知不覺吸收內化了台灣各地的歷史知識。

準備考高中時我很叛逆，不愛讀書；外公擔心我學壞，要我搬去跟他同住，循循善誘，拿了當時得到「國家文藝獎」的著作《鯤島探源》給我讀，外公說：「不愛讀課本沒關係，但要給阿公面子，阿公的著作要讀。」還跟我說聯考會考。書中有許多台灣各地古建築的源流、典故、傳說、民俗故事，非常有趣，就像看小說一樣，讓我讀得津津有味，也就慢慢收心讀書，結果聯考一題都沒考，但已啟發我對文史的興趣。

考完高中的暑假，外公開始要我閱讀如《茶花女》、《基督山恩仇錄》、《雙城記》等世界名著，並前往圖書館找出書中提及的城市的地圖，要我背首都及故事發生地，告訴我以後一定要出國旅行看世界，而背地圖可培養很紮實的旅行能力，一生受用（只是現在 Google map 超好用，已經沒人背地圖了）。

外公有時興之所至，就說：「阿公冊裡寫的所在，你去看一下。」《鯤島探源》講了大稻埕，我就從大正町中條通出發，右轉長安西路走到圓環，再走到大稻埕，一路走到台北橋。回家後與外公分享看到的建築物、店舖、廟宇、商店。外公通常會在晚餐後，邊畫地圖邊講解我看到的建築物歷史背景及故事，聊聊林本源在大稻埕的六館街。

有次，外公叫我騎腳踏車去新莊看林本源祖先賣米的米市巷，又叫我騎去桃園看景福宮。結果當天騎不回家，實在太遠了，也沒力了，外公就請他的友人接應，為我安排

1994/4/30

外公林衡道 80 歲大壽於中山堂。上／燈籠為鹿港「文化國寶」吳敦厚先生親贈。下／恩師李乾朗教授參加外公 80 歲壽誕。

餐宿。接著要我一路騎到新竹、台中、台南等各城市，去看他書中所寫的古蹟，印象最深刻的是台中的荔枝祖[1]、摘星山莊。我在台南停留五天，在外公友人的帶領下吃得很滿足，也大開眼界，尤其每到一處古蹟，人人都說是外公出力保護的，讓我覺得外公超偉大。最後騎到高雄，腳踏車壞掉了，外公安排我搭火車返家，就這樣完成了我人生中第一次古蹟之旅。

現在回想起來，外公教會我旅行，而且是獨自旅行的能力，也教會我讀書的方法：背地圖、觀察生活中的衣食柴米來瞭解昔時的社會，並讓古蹟保護的觀念深植到我心中，這是身為林衡道孫子最寶貴的一課。

外公很開明，並不因為我沒有學術成就而苛責，反而對我從事旅遊業，當歐洲線導遊，抱持樂觀正面的看法，覺得不僅可以獨立生活，更可以看世界。外公生前一直鼓勵我在國外生活、工作，外公過世後，我在歐洲工作生活了近三十年。每當閒暇在台灣旅行時，看到外公生前指定的古蹟依然存在，甚至被專家們保存修復，不禁覺得外公的身影彷彿還在這些古建築裡，從未離開。

四年前疫情開始，工作完全停擺，多了很多時間，我的歐洲導遊師父黃忠勤先生建議我應該積極帶領台灣走讀，傳承外公的精神。於是我開始拜訪外公的故舊學生們，也因此才知道外公生前的人脈之廣，與台灣各地老家族成員們交情深厚。外公的學生，包括老夫子哈媒體董事長邱秀堂小姐，以及台灣古蹟權威李乾朗教授和師母吳淑英女士都告訴我，我應該重新走訪外公生前所教的文史古蹟，並以文字記錄今昔的改變。李乾朗教授更是讓我到他的工作室上課，傾囊相授關於中國各省、歐洲建築的專門學術，指導我碩論，更引薦我認識國際古蹟權威閻亞寧教授、人間國寶彩繪大師莊武男，讓我見識博物館學、古蹟修復與匠師的世界。外公帶我看見古蹟，李乾朗教授則開啟我的眼界，是我畢生追隨的恩師。

莊武男老師貴為人間國寶，爲人謙和，心胸寬廣，從不藏私地教我認識傳統彩繪，讓我在他的畫室看他親繪最擅長的獨特繪畫書法「螭虎團爐」字體、「雲紋字」。莊老師得知我將出版新書，更賜書名雲紋字「古道仙蹟」，真是恩重如山。

蓋亞文化陳常智社長認為，外公最具代表性的《台灣勝蹟採訪冊》一到七輯，為記錄台灣古蹟最完整的書籍。他覺得我可以重新走訪，以我的視角記錄當年足跡。我們拜訪了南投的國史館台灣文獻館，瞭解外公當年編寫的過程與辛勞。這幾年我大量閱讀，親自走訪拍攝，以現代的角度呈現外公走過的古建築現況。許多參加過外公走讀的粉絲，也來參加我的走讀，都說：「以前林衡道就是這樣走讀，他的行程與風格有八成和

外公林衡道專程為愛徒邱秀堂的另一半王澤教授（老夫子第二代作者）導覽林本源園邸。著深棕色皮衣者為王澤教授，雙胞胎小朋友邱子平、邱子安是邱秀堂外甥。(1996)

他外公一樣，林衡道教我們看歷史，林嘉澍帶我們看懂廟宇美學、吃小吃。」

我不是學者，也不是文史工作者，但這些年我彷彿跟著阿公的足跡，瞭解他未曾告訴我的心路歷程。帶古蹟走讀，常有人認出我是他的孫子，進而懷念起林衡道的往日風範，讓我很感念，傳承的使命感更為強大。

外公已遠走，而我希望以此書中我親自走過的地方，引起讀者對台灣古蹟的興趣，以紀念我與外公的緣分。

❶ 荔枝祖，台灣最早種植的荔枝樹，原本在豐原頭家厝、潭子摘星山莊附近，現已不存。如今應是嘉義市後庄里圓仔社區兩棵一百六十歲的荔枝樹最老。

上／恩師與外公林衡道一起開會。
下／恩師和外公考察台南大南門。

目錄

台灣中部

台灣南部

懷舊回憶

台灣北部

——台北、新北

高源發布店和高而潘

日治大正年間，台北最大的布店就是大稻埕太平町一丁目的「高源發布店」（現今延平北路二段六十一巷口的功學社）。當年要買西陣織、上海綾羅綢緞等布料，高源發應有盡有。

高源發的老闆是高地龍、高樹發父子。高家祖籍福建泉州安溪，來台後定居景美街，之後搬到永樂町（今迪化街）。

在日人刻意壓制台人經濟發展的惡劣條件下，高氏父子勤儉奮鬥，不但將布店經營得有聲有色，同時創辦「福峽汽車公司」，經營往來廈門、福州的公共汽車，進而掌握福建的公車事業，改善交通條件，福建人民及南洋華僑均讚許稱便。

高家的公車事業，不止廈門福州，連台灣島內都有。他們創立「大新汽車株式會社」，開通台北前往新莊、觀音山，台北通往新店、木柵指南宮的路線。因此，高氏父子不僅是布業大亨，更是民營公車翹楚，有「台北汽車王」之霸譽。

高樹發次子高而恭，與林衡道教授一起踏遍台灣，林衡道為文，高而恭攝影，編纂台灣第一套最完整的古蹟調查報告《台灣勝蹟採訪冊》，開啟台灣古蹟研究之先河。

三子高而潘，是台灣戰後的第一代建築師，一九六〇年代以來，大家所熟知的台北市立美術館、台北市銀行大廈、華視大樓等公共建築；私人的張淑齡公館、休閒用的新淡水高爾夫球場、月裡山莊，甚至是胡適墓園，皆能看到高而潘的設計。他是高齡九十三歲的一代建築名師，作品有二百多件，見證了台灣現代建築的發展。

台灣當今第一古蹟權威李乾朗教授，為了向高而潘大師致敬，與文化部、台博館、台博館基金會於二〇二一年三月二十日舉辦「高瞻遠矚：高而潘建築作品珠玉展」巡迴展，由李教授策展、主講、導覽。

我不是個會讀書的人，也沒什麼專業才能，但對於興趣濃厚的事物，會蒐集很多資料，認真鑽研。有兩位長輩瞭解我，常常送我書，一位是公世舅舅，另一位就是李乾朗教授。公世舅舅送的書多以世界史、世界文學、古典音樂為主。李教授則是新作出版時就會送我一本。兩位長輩有個共同點，就是見面時都會問我讀到哪了，要我說說見解感想。以前還能以帶團出國沒時間讀為理由混過去，現在經常在家，不能辜負長輩的美意，因此一年多來不僅歐洲萬象沒忘，台灣的一切更是一點一滴地吸收內化了。

李乾朗教授給我很多機會聽他的演講、導覽，時時刻刻提攜，是我的恩師。本次的展覽更是如此。恩師特意引薦我認識高而潘建築師，並聽他與高先生的演講。高而潘先生年事雖高，但思路清晰，講話緩慢清楚，喜歡照相，還會加我 Line，像活潑的英國老紳士。聊起大稻埕，他告訴我很多有趣的往事：外曾祖父林熊祥喜歡找他下圍棋，外公在大稻埕喜歡的餐廳等等……他說還有很多，下次去他家聽他講。

演講主題是「台灣的現代建築」。兩個小時的演講，兩個世代的建築大師，一為原創者，一為演繹者，妙語連連，冷硬的水泥大樓化為從舊日時光走來的古典美人、變形金剛，欣賞現代建築這件事變得趣味輕鬆。

恩師李乾朗伉儷的厚愛，讓我能漸漸找回先人的人脈；多知道一件往事，就是多瞭解一點史實。人聲鼎沸的午後，人世的緣分奇妙地交織了。

高而潘先生於一年半後辭世（一九二八年六月十日至二〇二二年十一月十四日），恩師李乾朗教授率領我們，為台灣輩分最高的建築師高而潘先生送行。

多年前，恩師曾於《建築師》雜誌擔任編輯，在那個媒體不多的年代，建築師的作品若能被發表，不僅是肯定，更是榮耀，為當年建築雜誌的指標。今日為高先生送別的，均為建築界理事長輩份的大咖，作品都曾被收錄。恩師說，整個台北市的建築幾乎都出自這批人的手筆。

離開公祭會場後，恩師緩緩說道他與高而潘先生相識的往事。一九八一年，高而潘先生設計台北美術館，當時恩師好友——創辦《雄獅美術》的畫家李賢文先生（其胞弟李翼文為「雄獅鉛筆」創辦人），因雜誌報導所需，便請恩師訪談高而潘先生，訪談過程順利，此即兩代頂尖建築師的初識。不久後，李教授舉辦「古蹟修復技術研討會」，邀請日、韓等國知名建築師來台與會。李教授介紹日本近代建築專家村松貞次郎認識高而潘先生；高先生日語流利，台日兩大建築師惺惺相惜，相談甚歡。高而潘見李教授認真作研究，致力維護古蹟，便推薦他參選大稻埕扶輪社獎，恩師說：「當年我只是訪問他，介紹村松，沒特別做什麼，沒想到竟得高先生推薦得獎，那個獎座中間 logo 是純金的，很貴重，可見高先生是很重義惜情的人。」

多年以來，恩師仍常與高而潘先生聯絡，為了向高而潘大師一生偉大的成就致敬，恩師更建議文化部，請總統頒發「褒揚令」，表揚高先生對國家社會的特殊貢獻。

因高而潘建築師與林家先祖淵源深厚，之前與高先生約好去他家聽他講林家的故事，如今已是一別千古，此生緣盡，未講完的故事，就隨之化為縷縷千風吧。

上／與高而潘建築師、恩師合影。左起恩師李乾朗教授、高而潘建築師、台北市文化藝術促進會執行長黃寤蘭女士。
下／高而潘建築師演講時的風采。

上／高源發布店原址，現在是功學社。右／外公林衡道與高而恭先生考察屏東美崙，於邱秀堂美崙娘家作客。左起邱秀堂么妹邱秀利、省文獻會高而恭、邱秀堂父親邱鎮祥、林衡道、邱秀堂。（邱秀堂提供）

復振號

某次帶大稻埕走讀，成員不多，皆為皇族，私人司機載來，有幾位拄著拐杖跟著我走一整天，聚精會神聽講，完全不喊累，年輕人真該來學學皇族的認真。皇族們閱歷豐富，學識極高，人脈廣闊，稻江大家族人物、大事紀引起極大共鳴，話題不斷，聊得熱熱鬧鬧，讓我知道更詳細的家族往事，真可謂活歷史帶我走進歷史。

昔時大稻埕商埠的商業主軸是茶葉、藥材、南北貨，如今更是琳瑯滿目，百花齊放。曾經多次帶食品經銷商參加世界各國食品展，認識豐富食材，才知烹飪世界之奧妙，因此到大稻埕最喜歡逛的就是南北貨店，最常光顧的有台農醬園、林復振、泉通行、泉屋。

皇族們皆參加過外公林衡道的古蹟導覽，沿途不停地告訴我外公說過什麼，和他們家族誰誰交情很深，和某某某去過何處。皇族們過年皆親自下廚烹調團圓飯，精通食材種類、價格，熟悉南北貨漲價時間。走到林復振商行，一位夫人很高興地說：「這一家是我固定辦年貨的店，既然來了，順便買些東西吧，再幾天就漲價了。」歷史走讀瞬間變成年貨採購之旅，皇族輕言一句，店家快樂過年，皆大歡喜。

離開時，復振號林老闆送我一包扁魚，跟我說：「以前送你阿公，現在送給你。」看著這份禮物，回憶如狂潮。

「咸豐年間，同安人下郊領袖林右藻於頂下郊拚戰敗後，率領同安人撤退至大稻埕，於一八五三年建立了『復振』、『復源』、『復興』三間商號。」❶同時與大稻埕其他商行一同與香港、廈門進行商業貿易。林右藻家族更與陳金絨家族募款興建大稻埕古剎「霞海城隍廟」及「大稻埕媽祖宮」（今稱慈聖宮）。林右藻為大稻埕紅頂商人，而復振號為最早的南北貨行。

跟隨外公走覽大稻埕，每回總會在復振號停一下，說：「咸豐三，說到今，這家復振號能從咸豐三年開到今天，而且都是林家後人經營，平常都不打廣告，依舊生意興隆，才是真正了不起的誠信好店……」然後講很多當時我聽不懂的商業史。上一代林老闆總是送外公一包乾果，有時是杏仁，或是核桃花生。外公不愛吃，我也不識貨，回家就給管家吃，管家每次都很開心，現在我才知道都是高級貨。

外公是真正的末代大少爺，一生不進廚房，不上市場。以前林家公子們都有佣人、管家侍候，不太可能親自採購食材。我問過外公很多次，復振號到底賣什麼，能從清朝賣到現在，外公只說店裡擺什麼就賣什麼，真是高明的敷衍。後來我乾脆自己問復振號，從此便一腳踏進食材的殿堂。如果說倫敦哈洛茲百貨美食區集歐洲高級食材之大成，復振號就是東亞高級食材的皇宮。除了南北貨海鮮，最早代理日本紅帽子禮盒，提供台灣訂、結婚習俗時必有的「香燭與禮炮」、「結婚六樣或十二樣禮」，數不清的進口食品及調味品，都是我認識高級食材的起點，第一次看見扁魚，就是在復振號。

「扁魚白菜」曾是台菜中最不起眼的庶民菜色，鍋裡熱油小火炒香扁魚乾，待扁魚乾捲曲，續下蒜末與蝦米爆香，加入大白菜炒軟。再以中火煨之，加入高湯煮開至喜歡的軟度，勾薄芡，大功告成。如今加豬皮、香菇、紅蘿蔔片的「白菜滷」到處都是，要吃到道地的扁魚白菜，還真難。

一生忘不了的扁魚白菜有四處：延三夜市口福滷肉飯（極簡版，物美價廉）、祖母的家常版（已成絕響）、台南福泰飯桌（豪華宴席版，辦桌師傅的經典傑作）、薩爾茲堡六福餐廳（異國道地台菜，撫慰遊子心）。

祖母仙逝多年，六福餐廳停止營業，台南有點遠，想吃還是自己動手吧。扁魚白菜要美味，扁魚要厚實大片，最重要的「細工慢煨」絕對不能少；耐心煨煮，人人皆廚神。

上／復振號貨品多元，從清朝賣到現在。
右／復振號林老闆送我的扁魚。

皇族的走讀，可說是我的回憶之旅，大稻埕的老店一家家倒閉，美好的流金歲月消失凋零。希望復振號和其他老店都能永續長存，不僅延續深遠漢食文明，更讓城市蛻變，脫胎換骨。

十幾年來搭棚架的年貨大街，二〇二二年決定「轉型」改為不搭棚架、不新設攤位。不搭棚架的迪化街最美，才能看見「南街殷賑」的節慶榮景。

到大稻埕走走，買點好物，過個好年吧。祝福大稻埕商圈，平安順利、生意興隆。

皇族就是不能表明身分的大人物。旅遊界術語，多為商界要人或行業領袖，對社會有相當的影響力。

---

❶ 莊展鵬，《台北歷史散步》，遠流出版社，一九九五年五月二十日。

福生堂醫院

日前承蒙「大稻埕古蹟守護人」呂大吉建築師邀請，參加「福生堂醫院」修復及再利用工程開工典禮。導覽大稻埕時，見過呂建築師騎著鐵馬穿梭在時空凝凍的街巷，觀察古建築，隨時保護，避免老街區崩壞，是位默默認真做好事的古建築守護者。

創立於昭和十六年（一九四一年），由大稻埕首位女醫陳却開設的婦產專科醫院「福生堂醫院」，二〇二一年在呂建築師的奔走下，獲指定為市定古蹟，一年後正式開工。

陳却於大正五年（一九一六年）出生，為家中長女，父親陳福生在大稻埕經營「福記商行」，衣食無憂，自幼接受新式高等教育。台北第三高女（今中山女高）畢業後，前往日本東京女子醫學專門學校（今東京女子醫科大學）就讀，成為台灣第一位女醫師蔡阿信的學妹、台灣第一位女性外科醫師謝娥的學姊。

昭和十三年（一九三八年）取得日本厚生省醫師免取證。回台後，為求醫術精熟，進入台北帝國大學醫學部（今台大醫院）產婦人科學教室，擔任無薪資給付的助理三年，並在此邂逅了任職外科的謝伯津，也就是當時知名外科醫院「順天外科醫院」創辦人謝唐山的三子。

陳却創立福生堂後，於昭和十八年（一九四三年）與謝伯津結為連理。結婚前已負笈九州醫學大學，婚後取得博士學位，可說是兼顧家庭事業，成功職業婦女的先行者。

老舊的紅磚大樓，保存了創辦人陳却就學、結婚、開業到退休後的生命足跡。陳却可謂是大稻埕醫學史中，女力於現代醫學的展現，在台灣歷史上相當獨特。福生堂醫院成為市定古蹟，重現名醫丰采，將讓未來的大稻埕歷史更加深邃精彩。

恩師李乾朗教授、「大稻埕茶葉之父」李春生後人李福然先生，都由陳却醫師接生，是「福生寶寶」，當然也在受邀之列。去福生醫院途中，李教授聊起中山堂的外觀和電影《牯嶺街少年殺人事件》中，警察制服的顏色。教授說這類單調灰暗的顏色，類似日治時期應用在公共建築外牆的顏色，外公林衡道率先提出「國防色」的說法，雖然至今很多人不認同，但畢竟是「戰爭體制下的顏色」。教授又提到，每一次講解、走讀，即使是相同的地方，一定有不同的感受，結束後都要寫一篇文章，除了記錄，更要集結成書。教授提及在台北大學、逢甲大學教書那幾年，是出書最多的時期，以《台灣古建築二十講》為經典。

福生堂醫院修復及再利用工程開工典禮的會場，就是以前一樓的候診室。因非公

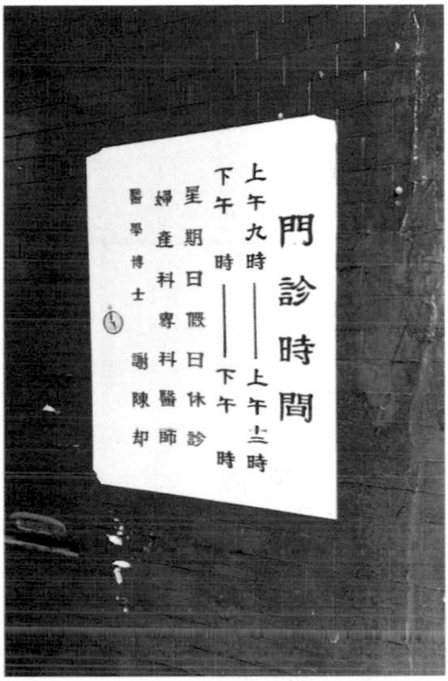

上左／福生堂醫院內的醫療器材。上右／福生堂醫院牆上貼著門診時間表。下／福生堂醫院內一隅。

開，賓客除了陳却醫師的後人外，還有在醫院出生以及在醫院服務過的人，當中不乏大稻埕重量級人物，最開心的莫過於見到大稻埕霞海城隍廟的管理人陳文文女士。當年外公最後住院的日子，第一位來探病的人就是陳文文女士。外公當時已不能言語，只能看著陳女士流眼淚；陳女士握著外公的手一直鼓勵，還叮嚀我要堅強，這份恩情從不敢忘。有段時間我在歐洲常寄明信片給她，回家都會收到她的謝函。老派莊重的禮尚往來，世間少見的重義之人。這幾年多次求見皆不可得，本以為緣分已盡，沒想到竟然還能見面，大大驚喜。

欣賞了悅耳的小提琴演奏後，呂建築師簡單說明了福生堂醫院的來龍去脈、介紹陳却醫師的一生。李教授致詞時，提到他和弟弟皆出生於此，很感謝陳却醫師的接生，陳却醫師的仁術仁心，讓他和弟弟都健康平安，他們家至今都感恩。陳却醫師的千金謝素貞與陳文文女士聽完後，都大為感動。

大稻埕曾有很多重要的醫院，包括先祖林鶴壽、林嵩壽管理的林本源博愛醫院，以及外曾祖父杜聰明擔任醫長的更生院等，當年的許多女醫生都不被記得、提及，福生堂醫院被指定為古蹟，不僅彰顯當代女醫師的重要性，更能讓後人瞭解產婦願意從住家到醫療院所生產、接生者從產婆、助產士到專業醫師的進程，此即大稻埕女性產婦史，更

上／福生堂醫院外觀。下／和恩師李乾朗、師母吳淑英、法籍建築師藍傑鴻一起參加福生堂醫院修復再利用工程開工典禮。

是女力對社會的貢獻。

由陳文文女士帶領，唸禱文、捻香祭天，眾人取金鎚象徵性地敲敲牆，開工典禮便完成了。離開時，遇到設計三貂嶺自行車道的法籍建築師藍傑鴻（Jérôme Lanche），這位來台十年的法國先生，中文流利不在話下，是我知道的外國人中，唯一一位完全讀完李教授著作《台灣古建築圖解事典》的人，是位很懂傳統建築構件的傳奇人物。

時間尚早，李教授意猶未盡，帶著我們在歸綏街散步，分享很多李春生家族洋樓的故事，接著愈講愈起勁，講到他唸國中時，下課後和同學從雙連走到第一劇場、國泰戲院看電影，然後吃第一劇場後面的魚丸湯。走著走著，魚丸湯店就到了，教授興致高昂，一次點兩碗，吃八顆不同的魚丸、貢丸，還買兩斤回家煮，這就是教授年少時代的快樂時光。

第一次受邀參加市定古蹟開工典禮，對我而言，是值得紀念的大事；和恩師師母在大稻埕吃小吃，漫無目的地輕鬆散步，更是可遇而不可求。以後老去，這段美好的秋日修業，應是最值得緬懷的時光。

陳德星堂

應該是十多歲吧，跟隨外公率團參觀大稻埕，那是我第一次去陳德星堂，寬闊的大埕上有很多小朋友在玩遊戲，裡面還是幼稚園，很新奇。外公講解時，我完全聽不懂又覺得無趣，一個人不知怎麼就晃到埕前的照牆，牆面紅漆剝落，我很手賤地剝下漆塊玩耍。後來外公見我滿手紅，問我怎麼回事，我還很自豪地說剝牆壁很好玩。只見在場大人們臉色鐵青，外公不停地向人道歉，暴跳如雷地大罵我，說我一輩子都賠不起。只記得我一路哭回家，還被修理好幾天。

其實之前外公就說過很多次，參觀古蹟絕不能觸摸，會造成無法復原的損害。那時我根本不上心，難怪他會爆炸。這是印象中他最生氣的一次，很多天不跟我說話。這便是我認識陳德星堂的開始。

那段時間常聽到外公討論陳德星堂，沒多久就指定為三級古蹟，後來很多教授告訴我，外公覺得「宗祠」是最重要的古蹟，能強化「敬天念祖，教以人倫」的祭祀功能，並保留傳統建築，使同姓族親不分地域團結合作，經濟增長安定，深化人文根基。因此不遺餘力地保護宗祠，尤其是全國姓氏人口最多的「陳氏大宗祠」——「陳德星堂」。

深山藏古寺，巷裡隱大廟。陳德星堂就在寧夏夜市旁，其實很醒目，但許多人都不知道全台最大的陳氏宗祠隱於此。陳氏宗族將唐代至今，陳姓的歷史源流完整地留存了。李乾朗教授受陳德星之託，設計親繪二十四塊陳氏著名的歷史人物，由陳氏族親捐獻，匠師石地發、陳進福雕刻，如今已是陳德星堂的「文化走廊」。

大龍峒的陳維英舉人設置堂號，大稻埕的抗法功臣陳霞林、陳儒林、陳雲林接手掌理；大稻埕的第一座錫燈、日本總督題字的匾額、全台記錄重修細帳最完整的古碑、全台僅存的行台界址、一甲子歲月的老燈籠……陳氏後人以自身之力，不僅保留先祖精彩的文化遺產，更讓後人明白陳姓宗親在台北築城及大稻埕流金歲月的時代都是要角。

「歷史會自己來找你」，是史學界的城市傳說。無法出國，早已忘記搭飛機的感覺，一年來，以徒步方式行走於城市的古區，城市以特別的方式回應，讓我漸漸認識老家族的後人，並讓先祖的歷史找到我。像時空偵探，抽絲剝繭，一步步發現老家族之間的聯結，繼續為我們所住的土地發掘動人的過往，直到世界恢復正常。

上／陳德星堂的正殿大木結構為大匠師陳應彬設計建造。下／堂內保存了豐富的剪粘藝術，都是匠師陳世仁的作品。

上／陳德星堂的照牆，紅牆上以剪粘藝術裝飾。下左／陳德星堂近年出土的早期文物龍柱。下右／堂內的石燈籠，這一座是乾元藥行的陳茂通所獻。

上／陳德星堂「漢唐柱石」匾額，為日本時代台灣總督佐久間左馬太所贈。下／陳德星堂內一對錫製騎象仙人，「太平有象」之寓意也。作工精巧，是珍貴文物。

上／陳德星堂文化走廊。下／恩師李乾朗教授親繪原圖，陳德星堂文化走廊石雕板。（右起依序為：陳德星堂總幹事陳裕乾、副董事長陳珍英、筆者、恩師李乾朗教授、石雕匠師陳進福、傳統匠師張泉益、營繕組長陳德峰、張夫人）

饒富趣味的台北孔子廟

最近和台北孔子廟很有緣，每週去兩三次，還受邀參加祭孔大典，真是受寵若驚。能有機會深入瞭解孔廟，還爬上大成殿屋頂，見識人跡罕至的古建築秘境，看來孔夫子對我這個不愛讀書的人很照顧，太榮幸了。

外公林衡道說過很多次，不論國台語發音，都要唸成「台北孔子廟」。台灣有十三座孔子廟，歷史最悠久的當然是台南孔子廟，除了台北孔子廟是日治時期民建，其餘都是官建。當時台北的仕紳都尊稱「台北孔子廟」，不稱後來官方版的「台北孔廟」，人間國寶彩繪大師莊武男老師也都這麼稱之。

清光緒元年（一八七五年），於台灣北部設置台北城。光緒五年（一八七九年）動工後，由知府陳星聚與台灣兵備道夏獻綸督工，在城中南門內建造文武廟。兩廟皆坐北朝南，文廟在左，武廟在右。此台北府文廟（現址為北一女）即是台北孔子廟的前身，武廟現址為司法大廈，分隔文武廟的街道昔日稱為文武街，即今之重慶南路。

台北府文廟於光緒七年（一八八一年）完成大成殿、儀門與崇聖祠；隔年再由台北仕紳募款，增建櫺星門、黌門、禮門、義路、泮池與萬仞宮牆；至光緒十年（一八八四年）完工，形成頗具規模的孔廟。

台北府文廟完成大成殿等主體建築後，當年隨即舉行祭孔大典。光緒十七年（一八九一年），邵友濂任巡撫，更派員赴福建添購祭器，並敦聘禮師、樂師、佾師來台訓練學童，後來時任台灣巡撫的落跑總統唐景崧祭孔時，即用新購的祭器完成禮儀祭典。

清日甲午之戰，清廷戰敗，簽訂馬關條約，將台灣割讓給日本。日軍進駐台北城後，將台北府文廟充作衛戍醫院，因人馬雜沓，牌位及禮器、樂器多被損毀，建築物無法負荷，亦逐漸荒廢，祭孔典禮至此廢止。

日本明治四十年（一九〇七年），日本人為建造國語（日語）學校（今台北市教育大學一帶）、第一高女和地方法院，逐步拆除台北府文廟。

台北府文廟被拆除後，日本人於國語學校內蓋了一座五坪大的小木屋，重製孔子及四配、十二哲牌位供奉，於每年孔子誕辰日開放供各界祭祀。

大正六年（一九一六年）起，台北瀛社、大正協會等民間社團組織「崇聖會」，推日人木村匡為會長，台北仕紳顏雲年、李景盛為副會長。每年於孔子誕辰，從國語學校

台北孔子廟大成殿，大木匠師王益順在台頂峰之作。

恭迎所有牌位，到大稻埕公學校或蓬萊女子公學校、艋舺龍山寺等處，輪流舉行祭典。

孔子在春秋時代為實現大同思想，辛苦周遊列國，辭世很久以後，終於在漢朝出現超級天王鐵粉漢武帝，到了唐代才被封為文宣王，終於有了稱頭的官銜，到了日本時代的台灣，卻變成流浪教師，雖仍每年祭孔，但已無孔廟，只能輾轉尋找適合祭祀之處，祭典形同虛設，聊備一格而已。

台北府孔廟被日本人拆除，對台北文人仕紳而言，無疑是奇恥大辱，隨即不斷有人倡議擇地重建，但因經濟條件不足，始終無法實行，成為台北人的遺憾。

大正十四年（一九二五年），以「台北崇聖會」會員陳培根（陳悅記家族頭人，大龍峒仕紳）為中心，展開遊說工作，邀集地方賢達二百餘人，多次集會，終於在大稻埕江山樓決議，研擬具體計劃，成立「台北聖廟建設籌備處」，執行孔廟重建事宜。

建廟土地完全委託台北崇聖會募集，設計則參考台南孔廟之形式，建築資金二十萬圓由該會捐款籌措。陳培根捐地二千餘坪、辜顯榮購地捐出一千餘坪，再以部分捐款購地一千多坪，所捐、購的土地皆在大龍峒，計五千多坪為建築基地。多年來孔廟之建設問題，至此一舉解決。我常常想像當年仕紳雲集江山樓的盛況，美酒佳餚，杯觥交錯。捐款捐地非同小可，陳培根先生拋磚引玉，滔滔雄辯，促成台灣大家族團結一致，昭和二年（一九二七年），台北孔子廟正式於大龍峒興工。

陳培根先生所捐之二千餘坪地，實為其私人庭園，當時富豪庭園均用來招待貴客，亭台樓榭無一不缺，盡顯建築空間美學，培根先生雖然富甲一方，但為人行事低調，生活簡樸無奢，自謙其庭園為「素園」，意即樸實無華。陳家先祖大龍峒文豪陳維英，曾於圓山建一別莊，取名「太古巢」，台語發音「thài kóo tsâu」，意思就是我都沒打掃，家裡很髒呀。幾代人的謙虛飄逸相互輝映，為大龍峒陳家逸事。

台北孔子廟興工後，大成殿首先完工，昭和五年（一九三〇年），儀門、東西廡、崇聖祠先後完工，新製先賢牌位亦完成，並於該年孔子誕辰日，舉行祭孔典禮。重新恢復中斷三十多年的祭孔大典，為當時地方的一大盛事。然而，此時捐款已用盡，財政困難，工程暫停。直到昭和十年（一九三五年），台北仕紳黃贊鈞、辜顯榮等人再度倡議復工，再行募建，於昭和十四年（一九三九年）全部完工，此即現今台北孔子廟的大致規模。

日治時期的紅頂商人中，辜顯榮、許丙、林熊徵、顏國年、吳昌才都曾捐款、捐地。辜顯榮來往兩岸頻繁，人脈廣闊，識得百工。土地與經費解決之後，其次就要聘請設計師。當時由於台灣沒有新建孔廟的經驗，所以擬聘請唐山師傅來建造。大正九年（一九二〇年），泉州名匠王益順受邀來台北，修建艋舺龍山寺及新竹城隍廟。他的設計頗為眾人

上／大成殿藻井結構。下／大成殿平闇結構。

賞識，所以就聘請他擔任台北孔廟的設計與建造的總工程師。

王益順來自惠安縣崇武村溪底鄉。「崇武十三村，峰前出石匠，官住泥水匠，溪底大木匠」，一族人都從事同樣的工作，匠師世世代代衣缽相傳，古時流傳一句「溪底益順師，二來章水師」，意思是溪底木匠中，益順師排首席，章水師次之。李乾朗教授及陳仕賢教授均曾前往訪談勘查崇武一帶的巨匠神工。

清末王益順設計建造了閩南一帶為數不少的大宅及寺廟，大約在民國五年（一九一六年），因承建廈門黃氏家廟，邂逅台北殷賈辜顯榮，應辜氏之邀，從惠安帶著大批石匠、交趾陶匠（如知名鑿花匠楊秀興、剪黏匠師洪坤福、石匠辛阿救），浩浩蕩蕩來台後，設計了新竹都城隍廟、艋舺龍山寺、南鯤鯓代天府、台北孔子廟、鹿港天后宮等五座大廟宇，展開其在台灣十二年之巔峰鼎盛期，開啟他在台灣的影響力，之後台灣興修的大廟，沒有不受艋舺龍山寺影響的。

一般人參觀台灣的寺廟，總是被色彩繽紛的雕飾吸引，事實上大木架結構才是重頭戲。俗謂「大木匠師是拿總斤頭者」，總斤頭最重，亦即他扛重責、負全責。如同計劃主持人、統包工程首席建築師。修築台北孔子廟時，益順師被破格評定為乙級建築師，其地位之重要不言可喻。事隔百年，如今兩岸修護古建築時，王益順的設計成果已成為無比重要之文化遺產，為後輩匠師留下揣摩學習的典範。

古代傳統匠師所繪的設計圖，大多為平面圖、剖面圖或立面圖。王益順在大正十四年（一九二五年）所繪的眾多台北孔子廟設計圖中，有一幅全區的透視圖，並且以「鳥瞰」視角表現。這張透視圖極為罕見，具有高度研究價值。

歐洲在文藝復興時期，即以科學方法研究透視圖，將平面上的建築圖畫出三度空間的立體感，不但是繪畫構圖的革命，也促進建築設計的發展。著名的布魯尼萊斯基（Brunelleschi，一三七七～一四四六，佛羅倫斯聖母百花大教堂穹頂設計者）、多納托·伯拉孟特（Donato Bramante，一四四四～一五一四，羅馬聖保羅大教堂設計者之一），以及文藝復興三傑之一的米開朗基羅（Michelangelo，一四七五～一五六四），皆會在設計建築之前先畫透視圖，可見王益順建築觀念之前衛先進。王益順於一九二五～一九二九年間負責建造台北孔子廟，返大陸後於一九三〇年逝世，後由其侄王樹發接手。益順師留下的大成殿藻井、平闇、鳥瞰設計圖，以及精緻的施工品質，無疑訴說著台灣建築史長河中的一段傳奇。

台北孔子廟的故事非常多，再加上莊武男老師彩繪修復、祭孔大典、孔子生平，以及儒學對後世的深遠影響，可謂「知識含金量」極高的深度文化旅遊點，卻鮮為人知。

上／俯瞰台北孔子廟全景。左／傳統的北部爌肉飯，酸菜清除了油膩感，讓人一口接一口，停不下來。

曾經帶了數百人走訪，好多人都說住附近卻從未走進去，真的好可惜。台北市的市定古蹟相當多，台北孔子廟長期推廣儒學及傳統文化不遺餘力，展現和善、親民的一面，永遠張開雙臂迎接民眾。不僅入園免費，有寬敞的劇場定時播放介紹電影，並支持學校、團體藝術傳承，提供優質的場地支援，且提供中、英、日、韓、法、德語的志工導覽，讓孔廟成為國際級觀光景點。在疫情前，這裡是日、韓觀光客，以及歐美郵輪團所喜愛的景點之一，疫情中外籍觀光客數量減少，園區僻靜許多，除了中小學學校參訪、幼稚園小朋友的校外教學外，還有每天早上附近居民們固定的運動團體及零星走讀團，不復疫情前熱鬧的光景。

常有人問我孔廟周邊有什麼好玩好買好吃的，我總回答：「一、孔廟尋寶趣。二、孔廟文創店。三、大龍峒三飯。」

台北孔子廟的工作人員不多，但巧思十足、腦筋靈活，為了活化孔廟，吸引更多民眾走入孔廟，規劃了許多有趣好玩的活動，每年固定的新春走春、為考生辦的祈福活動，又或是搶破頭的夏令營，年年都是叫好又叫座，其中又以一個名為「古蹟尋寶趣」的小活動最為吸引我，此活動藉由一張尋寶圖在古蹟裡尋找寶物，讓民眾認識古蹟建築裝飾，此一沉浸式的遊戲，帶來的樂趣遠比教條式的灌輸知識更吸引人，簡單易懂，橫跨所有年齡層，如今已經推出第五個版本。在古蹟裝飾裡找海鮮、隱藏神獸，以及文人書房裡的物件，既可傳遞知識，又有趣好玩，完成遊戲還有專屬的紀念品，人人愛不釋手。孔廟近年推出的文創品很多，舉凡蔥筆盒、孟子書袋、莊武男老師的麒麟堵拼圖、鰲魚鑰匙圈、小書包……每次推出都引起話題，是台北公部門裡廣受歡迎的文宣紀念品，這些可都是有錢也買不到的非賣品。不過沒拿到也別懊惱，孔廟裡還有一間紀念品販賣部，可滿足想買紀念品的朋友們。

每次和李乾朗教授結束孔廟的拜訪之後，教授總說：「我們去吃阿川油飯吧！」台北孔子廟周邊看似小吃林立，但真正經得起時間考驗，美味依舊，價格不離譜的，就是「一、阿川油飯、熊會長油飯，二、阿仁炒飯，三、梅滿姨爌肉飯」。

「阿川油飯」早上、下午都營業，熊會長只到早上十點就收了。兩家店都是用長糯米炒的、帶點油蔥香的清淡油飯，淋點滷汁甜醬，不會太油，更不膩口。冬日清晨來一碗，佐以酸菜大腸湯，身心靈都溫暖。

「阿仁炒飯」本來在庫倫街圓山捷運站前，現遷到大龍國小旁。份量十足用料豐富，鑊氣、蛋香、米飯香完美融合，人多也不亂炒，味道穩定。雖是名店，價格卻很公道。年長的大姊店員態度和藹可親，年輕女店員笑靨如花、客氣有禮，憑這一點就值得為文推薦，是我心裡的台北第一炒飯。

「梅滿美食」就是一般巷弄內常見的滷肉飯攤，但洗菜仔細、洗米用心，像媽媽在家做飯的感覺。傳統的北部爌肉飯，滷至入味軟嫩，白飯和酸菜也優秀，搭配得宜，迷人無比，細細咀嚼，酸菜清除了油膩感，竟停不下來，一碗再一碗。騎機車、提菜籃來包便當的老台北人絡繹不絕，早已是在地不可或缺的好店。

到大稻埕時，可走遠一點，到大龍峒，到了大龍峒，就走進孔廟坐坐，取一份藏寶圖，入寶山尋寶吧。

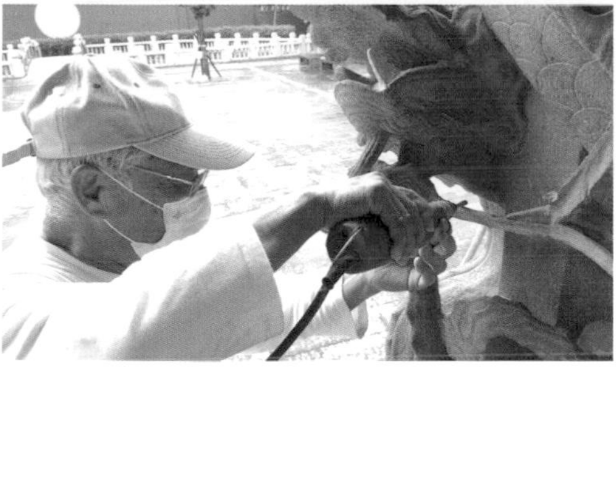

上／台北孔子廟的萬仞宮牆。合影者為繪製麒麟照彩繪的人間國寶莊武男大師。下／全能的人間國寶莊武男大師修復孔廟櫺星門蟠龍石柱的龍鬚。

上／台北孔子廟的藻井結構。下／右起：孔廟活動規劃師徐晴、筆者、師母吳淑英、恩師李乾朗教授於台北孔子廟大成殿藻井。

紅樓舊事

一八九五年，台灣進入日治時代，大量日籍移民進入台北市。考慮其城內建築分佈與艋舺、大稻埕已成形的街市地緣，台灣總督府規劃台北城西門附近空地為日人居住處所。為因應日人生活機能需要，西門旁的「新起街」於一八九六年出現以簡單木造房舍為主的市場建築，此市場主要目的就是供應當地新移民的生活日常必需品。一九〇七年，於市區改正過程中，拆除了台北城牆，更委託建築名師近藤十郎於一九〇八年興建正式的「新起街市場」，該市場入口為「八角形」仿拜占庭洋樓建築，後半邊則為「十字形」維多利亞式紅磚樓房。因於西門外，又稱為西門市場，此即今之「西門紅樓」，為台灣第一座官造市場。❶

新起街市場改為磚造建築後，主力客群改變了，以居台日本富人、台灣大家族為主，成為日治時期最高級的市場。西門町附近的本町（今重慶南路）、榮町（今衡陽路）、京町（今博愛路），清一色都是日本大商家及銀行密集之處，服侍他們的管家、下女，早晨都到新起街市場買菜。西門外的新起町、築地町（成都路底），也有很多日本小商家，都是新起街市場的忠實主顧，攤攤生意興隆。日治末期，日閥發動侵華戰爭，日用物資全歸政府管理配給，市場失去功能，關門大吉。光復之後，被改為戲院，因此多數人只記得「紅樓戲院」，不知曾為市場。

大正十年的新起街市場，樓下銷售日本進口食品，魚、和牛、蔬菜、日本蘋果、葡萄、水蜜桃、蜜柑等等，應有盡有。日本人視為送禮佳餚的赤鯛、黑鯛、松鯛、龍蝦、烏魚子，乃是常見之物；日人喜歡的漬物、鹹鮭魚、魚板，更是隨時供應。

樓上販售日本布、雜貨、糖果、和菓子、日本酒、啤酒、冰品。其中森永牛奶糖、豆沙最中餅、汽水，最受小孩喜愛，是當時陪伴北部大家族許多人度過快樂童年之處。

當然，當時台灣官宦人家、富商巨賈的主婦們，不會親臨市場，多由管家至市場交辦所需，再由攤商畢恭畢敬地送貨到府，然後記錄於「通帳」（月結帳本）上，月底結帳。以通帳購物必貴數倍，但這就是昔時貴婦展示家族實力的霸氣表現。

台灣出產的烏魚子銷路最好，因形狀酷似唐代的墨，故日語稱「唐墨」。昔時居台日商爭購此物，當作過年時送給官廳的禮物，因此產生出一句台灣日語「唐墨政策」，意謂向官廳人物巴結送禮。這樣的日語，只適用於台灣，日本內地不承認，也不通用。

日本人於春分當天掃墓，稱為「彼岸中日」，並以鮮花為供。日人在台北的墓地集

西門紅樓原是日本時代第一座官造市場，光復後改為紅樓戲院。八個面的女兒牆都突出一座三角形山形牆（Pediment）。最大特色是外牆的洗石子仿作假石作橫帶（band）呈現紅白相間的華麗效果。二樓立面橫帶裝飾採重複的手法，使建物有立面之美，構成美學上的重複感（repeation）。

中在三板橋（今台北十四、十五號公園，位於南京東路、林森北路口）。是以，掃墓之日，新起街市場的花店生意大好。

螢火蟲，在日本王朝時代的古典文學中，佔有極重要的地位，如《枕草紙》、《源氏物語》等名著，處處提及。初夏之交，台北市螢火蟲最多之處為「螢橋」（今汀州路），選一晚，全家老小前往捕螢火蟲，裝入小籠中欣賞，稱為「螢狩」，裝螢火蟲的小籠，稱為「螢籠」，形狀嬌小可愛，當時只有新起街市場能買到此物。

由上述可知，新起街市場，完全是為了供應日本人生活必需品而設的，市場營業與台灣人的生活沒有多大關聯，是故光復後由市場改為戲院，亦不受到任何反彈與抗議。

新起街市場，是外公導覽「台北古城之旅」講解時眼睛會發亮的古蹟，因為新起街有太多他年輕時代嚐過的美食及日本流行的玩意兒。我雖無緣得嚐，但每次聽講，在外公傳神的描述中，便彷彿看見這些日本菜一道道地呈現。往後只要休假，必奔日本尋找各地美食，拼湊出我心中的新起街市場。

記憶中的新起町在夜色中美好依舊，外公告訴我的故事鮮明浮現；記錄下來，免得以後失智症忘光光。

❶ 另有人考證：台灣第一座官造市場爲台南西市場，台北爲南門市場。

上／西門紅樓「八角形」仿拜占庭洋樓建築的桁架整棟建築共有十六組。下左／李教授帶隊解說「八角形」桁架。下右／西門紅樓為紅磚造建築，照片中有窗形而不採光的構造稱為盲窗，為紅樓建築特色。

台北濟南教會與李春生

約在一六二〇年代荷蘭治台時期，基督教開始來到台灣傳佈，一六六一年荷蘭人退出台灣，基督教隨之式微。一八六五年、一八七二年，英國長老教會宣教師馬雅各醫生與加拿大長老教會宣教師馬偕牧師先後來台，分別在台灣南部、北部地區傳教，基督教（即長老教會，Presbyterian）才逐漸遍佈全台灣。

日本統治台灣後不久，日本基督教會傳道局便派河合龜輔牧師來台向日本人傳教，不分教派成立「基督信徒一致會」，為濟南教會之前身。他於明治二十九年（一八九六年）五月二十七日抵台，隨即與當時在台北的日本基督徒接觸，開始傳教。後來教會信徒人數日漸增加，舊有聚會場所狹小不敷使用，便將聚會場所改在新起街（即今西門紅樓附近）租屋聚會，後來開始募款，以重新興建更大的禮拜堂。因得到大稻埕富商李春生的幫助，在新起街獲得一處房屋，開始有了固定聚會之所。明治二十九年（一八九六年）十一月，日本本國的日本基督教會，派大儀見元一郎來台視察，正式成立了「台北日本基督教會」，簡稱「台北教會」。教徒佈道不遺餘力，不僅在台北市，更傳福音到基

台北濟南教會是一座具有哥德文藝復興式風格的建築。教會正面大門上的大型尖拱窗，捨棄圓形玫瑰窗，改以兩根石柱窗櫺達到尖塔的高度，直指上天。鐘塔下方又尖窗造型，細緻優美，上方洗石子裝飾簡單樸實，有英國小鎮教堂的風貌。

隆、淡水、台中、花蓮、台東及高雄等，足跡行遍全台。

隨著台北教會的迅速拓展，原有會堂空間日漸狹隘，加上受到白蟻蛀蝕之害，以及都市改正計劃的實施而須搬遷。經河合龜輔牧師建議，在明治四十年（一九〇七年）二月召開信徒總會，並決定賣掉西門外街原有的會堂籌募五萬圓，以興建新的會堂，並推舉當時台灣總督府土木局長長尾半平長老，擔任建堂委員長，主持籌募事宜，興築新堂。此案得到當時總督府的支持，聘請到總督府營繕課的知名建築師井手薰參與建築設計與興建，並由森山松之助擔任顧問，大正四年（一九一五年）開始興建濟南教會禮拜堂，歷時一年，大正五年（一九一六年）落成，成為現今我們所見、磚石造禮拜堂之規模。

昭和八年（一九三三年）為擴大向台灣人佈教，在大稻埕另設立用日語講道的傳道所，稱「太平町傳道所」，兩年後改稱「台北日本基督教會太平町教會」，戰後才將太平町教會與幸町教會的所有會籍移交給台灣基督長老教會北部大會。

昭和十二年（一九三七年），台北日本基督教會改名為「台北幸町教會」（幸町八番地）。昭和十九年（一九四四年），台灣基督長老教會被併入幸町教會新成立的「日本基督教台灣教團」。一九四五年八月日本投降，同年十月該團正式解散。

左／李春生。他不僅是紅頂商人，更是哲學家、教育家、語言天才。右／台北濟南教會的鐘塔，表現出哥德復興式（Gothic Revival）教堂向上拔起的效果。

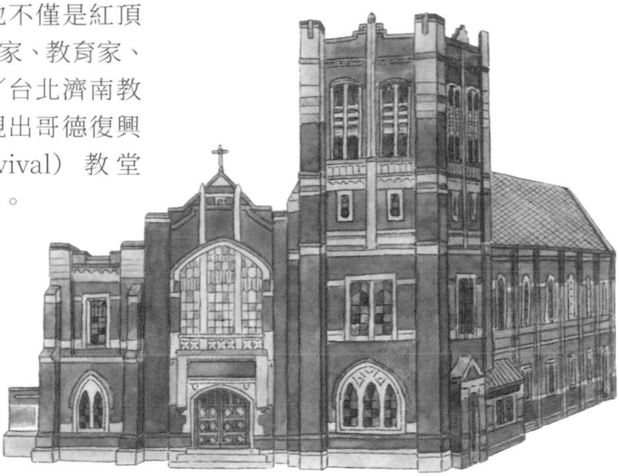

戰後的幸町教會，因地名變更改稱「濟南街教會」，最後在郭和烈牧師時期命名為「台灣基督長老教會濟南教會」，簡稱「濟南教會」。

濟南教會禮拜堂的建築形式為哥德復興式（Gothic Revival）風格，將西洋哥德風味的細部構造，如尖拱、扶壁等引入建築本身。外牆採紅磚與唭哩岸石的混合構造，使建築整體近似於英國鄉村小教堂之形式，樸實親切又兼具精緻華美。禮拜堂的主入口面向西邊，大門以拱圈門框作多層退凹邊框，強化大門深遠的印象。入口上方有兩根尖形的小尖塔，表現出哥德復興式教堂向上拔起的效果，和後方的尖頂、十字架相互呼應。偏於一方的鐘樓，是教堂的醒目標誌，頂層有以石材砌成的百葉窗，具有美觀的視覺效用，也讓整個立面和諧又富有變化。教堂屋頂的兩坡陡峭同時形成正面的巨大山牆，最高點以十字架收頭，充分傳達了宗教神聖崇高的意涵。此外，濟南教會屋頂上所鋪的魚鱗瓦，也是日治時期遺留下來的、非常獨特的建築特色。教堂內部屋架採用的是鋼骨屋架，將屋架結構露出，以鏤空方式減少屋架的厚重感，增加禮拜堂的高敞度。禮拜堂的十字架、尖頂、鐘樓及各式尖拱窗，都是建築的顯著特色，非常具備保存的價值。

若無李春生的捐地善舉，今天台北不會有這麼美麗的教堂。若說上世紀的日本經營之神是松下幸之助，台灣的經營之神是王永慶，那麼李春生（一八三八～一九二四）就是十九世紀大稻埕的經營之神，從茶葉到石油，不論做哪一行生意，都賺錢。林本源家族的財富由數代累積，李春生從二十八歲來台灣開始，從寶順洋行約翰．陶德（John Dodd）的得力助手，到成為台北第二首富，不過短短十年，稱之為傳奇紅頂商人實至名歸。

李春生不僅是紅頂商人，更是哲學家、教育家、語言天才，他自敘一生收受三件寶貴的禮物：

一、十四歲受亞歷山大的洗禮，堅定地信仰基督教；二、接受了英國語文教育；三、獲得了國際貿易商業知識的傳授。

他是近代首見漢英雙語俱佳的國際貿易商，持盈保本的經營之神。精通洋務，協助劉銘傳與洋行溝通商務；能以漢文寫作、評論西學，且常於《上海大公報》議論時事，令日人折服；捐獻公益不計其數，為少見的商人慈善家。

一八六九年蘇伊士運河開通，約翰．陶德和李春生雇用兩艘大型飛剪式帆船，從台灣運載十二萬九千公斤的烏龍茶，「直送」美國紐約，大受好評。由於建立台灣茶（Formosa Oolong）品牌，並拓展至國際的里程碑，兩人分別獲得「台灣烏龍茶之父」、「台灣茶業之父」的尊稱。

上左／台北濟南教會的彩繪玻璃窗。上右／台北濟南教會內的祭壇（Altar），屋頂為水泥包鋼鐵屋架，具抗燃效果，在當時為先進技術。下／台北濟南教會內李春生特展展示的文物。

清末台北的港口貿易，主要由滬尾、大稻埕及艋舺組成，三地各自肩負著不同的貿易機能。位於中游的大稻埕，因河床較淺，僅能容納噸位較小的船隻，多用來裝載運輸茶、樟腦等商品。大稻埕為陸運、水運的集散地，李春生支持劉銘傳實施新政，一八八六年與林維源成立台灣第一家官方認可的開發商「建昌公司」，合築建昌、千秋兩街（今貴德街）出租給洋商，讓台北一躍成為台灣的商業重鎮，開啟大稻埕風華。

台灣民主國成立之時，台北城紛亂無比，群龍無首，李春生以頭人之姿，與樺山資紀協商「統治本島，望以文明治法治之」，得樺山資紀信任。他跨越清朝、日治時期，以文學界、商業界領袖之姿，協助日本推動政務，為民謀福，慈善為懷。同時，他也帶領孫輩前往日本旅行六十四日，之後孫輩留在日本唸書，他成為台灣第一位留學生家長，培養台灣第一批留日、留美學生。所著之《東遊六十四日隨筆》，讓他被譽為台灣近代第一位旅行作家。他也是第一位預立遺囑的實業家，財產公平分配，讓後代子孫生活無憂、無爭。一生著作無數，被譽為富紳思想家。

在陽光下，濟南教會靜靜矗立，彷彿台北角落的英國。有幸得李春生長房後人李福然先生邀請，參與李春生一百八十五週年誕辰特展，先祖林維源曾與李春生合作經商，百年後，後人齊聚一堂，僅以此文感念李春生與濟南教會之淵源。

瑠公圳與劍潭古寺尋幽訪勝

最近走讀遇到很多年輕世代的朋友，問我為什麼台北市的古廟都在艋舺、大龍峒。我說不只呀，關渡宮、松山慈祐宮、景美集應廟、士林慈誠宮都是。又有人說，中山區好像沒有歷史悠久的廟宇。其實有，還很有故事呢。

台北市中山區北邊，有一條彎曲的基隆河，但在北安路一帶形成直線，而且河道寬闊，因此這個地方稱為「大直」。

乾隆年間，由郭錫瑠父子所建的瑠公圳，從新店碧潭開始，穿山到達景美、公館，然後向北流貫穿大安區以東，以及中山區西部，最後流進大直的基隆河。瑠公圳有很多分支，而主要的圳道大部分已被掩蓋或消失，成為新生北路和新生南路。其中多處的分支中，只有一個叫「埤頭」的地方，還有人知道（今建國啤酒廠），其他已經不復見。

郭錫瑠，本名郭天賜，康熙四十四年（一七〇五年），生於福建省漳州府南靖縣，幼年時隨其父來台，住在半線（今彰化市），乾隆十年（一七四五年）舉家北遷大加蚋，定居在中崙，即今中山區和松山區交界處，大約是微風百貨一帶。

瑠公圳最早的圳名叫「金合川圳」，後來為了感念郭錫瑠鑿大圳，才改為「瑠公圳」。郭錫瑠六十一歲歿，諡「寬和先生」，以表崇敬。郭錫瑠去世後葬於錫口北邊的下塔悠。下塔悠位於今基隆河南岸和濱江街之間，至今還有下塔悠公車站，「塔悠」是凱達格蘭族「塔塔悠社」的部落名稱。很可惜，郭錫瑠的墓已經不存在了。

郭錫瑠去世後，其子郭元汾繼承遺志，修築完畢瑠公圳。這是清代至今，台北市最具貢獻、最具規模的建設之一。瑠公圳開拓之後，今大安區、中山區一帶，約一千二百餘甲的田地，可以獲得圳水的灌溉，為利人利己的水利工程。

台北的瑠公圳、彰化二水的八堡圳、鳳山的曹公圳，為清代三大水利工程。由此可見，台灣的水利工程並不是日治時代才有的。

中山區在清代並沒有大型聚落，但是論開發時間，中山區的劍潭早於大龍峒。關於這一點，從劍潭古寺可以得到證明。

由於各路公車的站牌都設在劍潭捷運站或劍潭救國團青年活動中心，因此很多人誤會站牌位置即劍潭。其實劍潭的正確位置是在中山橋下，基隆河曲流處。

台北市有些地名，常常會讓人誤會，也藉這個機會簡單說明：比如說圓山是指以前舊動物園的小山丘（臨濟宗護國禪寺倚靠的山丘），而圓山大飯店的後山實為劍潭山或

上／劍潭古寺由陳應彬設計建造於 1914 年，當年八角型大殿，為全台僅見。（李乾朗教授提供）下／日人為擴建台灣神社，於日治後期勒令遷建至大直。（李乾朗教授提供）

大直山。東門指的是中山南路的景福門，現在很多人卻把信義路、新生南路口一帶叫東門，這也是錯誤的。螢橋是日治時期植物園附近一個河流上的小橋，今已不存，現在有人把通往永和的中正橋誤認為螢橋，差別很大。如果錯誤的地理觀念不修正，未來古蹟、古地名的正確位址，都將消失。

劍潭曾是台灣名勝，山媚水柔，風光秀麗。同治年間，《淡水廳志》列出的淡水內八景，其中一景即是「劍潭夜光」。

在《台灣史略》記載，荷蘭人曾到劍潭，然後插劍於樹，「樹生皮合劍於內」，「荷人遺劍」為劍潭地名由來之一。

相傳，鄭成功北伐，兵將渡河時，潭底千年魚精興風作浪，先鋒部隊不能渡。鄭成功很生氣，卸下寶劍擲潭除妖，魚精除去，劍留潭底。由於是寶器的緣故，所以每逢月圓之夜、風雨之夕，潭底劍光閃閃，可以說是星戰光劍的明朝版，此即「劍潭夜光」，為劍潭地名由來之二。

雖然荷蘭人在一六四一年打敗西班牙後，擁有台灣北部，但當時劍潭很荒蕪，雖然有水道可通雞籠跟淡水，但是沒有特殊埋由吸引荷人到此冒險。事實上，鄭成功終其一生未曾出過台南，所以擲劍、遺劍、鐵砧山、鶯歌石、草鞋墩都是傳說，純屬虛構。

劍潭古寺，原址位於今過了中山橋後，中山北路到大直及士林的分岔點；原本是面臨基隆河，風景宜人，僅次於龍山寺的大寺。相傳明鄭時期已有結庵，清康熙五十六年（一七一七年）改建，易名西方寶剎。乾隆三十八年（一七七二年）重修，因寺臨劍潭，又名劍潭古寺。日治時期，日本人為了擴大台灣神社外苑，並擴大建設台灣神宮，強迫劍潭古寺遷往大直北勢湖現址，把原址古寺給拆了。今劍潭古寺雖已失古風，但保留有許多文物，難能可貴。古寺旁有座庭園，園內仍保留一些碑記，依稀可辨，其中年代最久遠的是咸豐二年（一八五二年）的「奉憲示禁碑」，不過內容已模糊不可辨。其他舊碑文、碑柱，有道光年間、有嘉慶年間、有大正年間的。廟柱對聯碑文多以「劍潭」兩字為題發揮，如「劍氣沖霄星北斗，潭光印月極西天」、「潭煙駕霧活如來，劍氣淩雲觀自在」等。

劍潭古寺的歷史悠久，有很多軼事流傳，列舉幾個如下：

此寺有一軼聞，據傳清代有位書生，名為「雲生」，居於此寺。他時常晚上在寺內賞月，有一回見到一白衣女，口中吟詩，唸詩的語調淒然無比，飄然即逝。後來向寺方打聽，才知某女父親早逝，無錢送葬，自感不孝，憂傷而亡。後來人們常在夜晚聽到女聲吟頌詩歌，人稱「劍潭詩魂」。

遷建工程由彬司高徒廖石城負責，現貌仍可見正殿一對龍柱為原件。
（李乾朗教授提供）

古寺馳名後，信徒日增，到了道光咸豐年間，寺僧皆富，因缺乏嚴格管理，寺僧多染惡習。當時鴉片流行，寺僧吸食鴉片，導致佛事不修、百業荒廢，某個夜晚，眾人入寢，忽然聽見大殿木魚聲，驚起遍尋無獲，以為錯覺，接連幾晚皆如此，寺僧方才醒悟應為神佛警示，此為「菩薩擊鵠」。鵠即木魚。

民國十二年，外公的祖母陳芷芳常帶他去劍潭古寺，古寺前有一個很大的放生池，每當寺僧做完早課，木魚聲停止，便餵食池中烏龜；而善男信女禮佛擲筊結束，也會餵食，池中烏龜聽到筊聲、木魚聲結束，便會伸頭乞食，此即「劍潭龜聽杯聲」、「劍潭龜聽鵠」。外公不只一次提過：「烏龜伸頭，饞涎欲滴的憨態，教人看了實在覺得可愛。」很傳神的描述。

劍潭寺自從遷往大直後，香火就衰微，而且重建後廟宇規模不及以前的一半，香火當然也就不盛了，但畢竟曾經是台北大寺，搭乘捷運即可到達，一起去走走吧。

溫柔鄉趣談

台北近郊著名的北投溫泉所在地，昔日為「北投社」。附近舊時地名「番仔厝」（今為田心仔公園）的地方，算是北投最早開發的區域。

荷據時期，荷蘭人為了採集硫礦，曾經到此開發探險。

康熙三十七年（一六九八年），浙江人郁永河渡海來台，到北投採集硫礦，著有一本《裨海紀遊》，描述此地平埔族之生活極為詳盡。

書中的重點是平埔族人衣、食、住以及生活用具完全自給自足，只有鐵要跟漢人交換。郁永河訪問平埔族時，平埔族的婦人就出來牽他的手進屋，然後端一壺酒要跟他共飲；這樣的招呼方式讓郁永河覺得很訝異，卻親切倍至。根據郁永河的記述，可以瞭解平埔族是採行母系家族的制度。

當時郁永河進入北投的途徑為：溯行磺溪至毛少翁社，再翻山越嶺抵達北投之硫磺谷。毛少翁社（又被稱為三角埔社）就是今之天母，郁永河便是自天母翻越陽明山的雙溪山，而達陽明山與北投間的硫磺谷。

剛剛提到毛少翁社就是天母，日治時期有台灣神棍勾結日本神棍，想要創立一個新的宗教，就在毛少翁社搭建一個小殿宇，供奉所謂的「天媽」，這是他們發明的女神，後來日本人覺得天媽的「媽」字實在是看不慣，就改為「天母」。後來這間殿宇毀了，可是天母的地名就留了下來。日治時期的天母是充滿野趣的地方，因此也有日本人在這裡蓋旅社，叫「天母溫泉」，如今天母變成台北市高級住宅區，溫泉已消失。

北投的山區，風景秀麗，一向是登山客跟單車客喜歡的旅遊路線。有一個地方叫圓仔湯嶺，就是現在的坪頂（貴子坑到小坪頂一帶）。傳說古時候圓仔湯嶺住著一位神仙，這個神仙要找一個老實人當徒弟，於是裝扮成賣湯圓的老翁，立於嶺頂叫賣。（清代由台北到淡水的道路，是經由士林到北投，翻過圓仔湯嶺後直抵淡水）

神仙叫賣：「一碗兩文錢，兩碗一文錢，好吃的湯圓喔。」大多數民眾都爭先恐後付一文錢吃兩碗湯圓，只有一個年輕人看見這個情形，覺得很不公平，便付兩文錢只吃一碗。賣湯圓的老翁就現出神仙的原形，告訴該青年本意，讚其老實而收為徒弟，乘上仙鶴飛往仙界。

眾人驚嘆不已，赫然發現山頂缺了一大塊，才知道自己吃下去的都是泥巴丸子。這種傳說，高雄的半屏山、中國有名的黃鶴樓也有類似的，基本上是各地傳說的翻版。

日治時期的北投溫泉，大大小小的旅館以及各種私人俱樂部、私人別墅有百餘間左右，盛況為日治時期全台溫泉區之冠。北投溫泉開發於一九〇五年，當時正值日俄戰爭期間，日本傷兵不斷運來台灣治療，台灣總督府便於北投設立傷兵療養所，為北投溫泉大規模開發之始。在此之前，日本商人平田源吾建立了天狗庵，為台北第一家民營溫泉旅館，亦為台灣第一家溫泉旅館。

天狗庵為古老簡陋之木造旅館，並不是高級飯店。眾多旅館中，「八勝園」為第一流旅館中的佼佼者，當然價錢也最貴。（八勝園舊址大約在北投泉源路基督福音基金會處）

由於抗戰勝利後，八勝園立即被軍事機關接收使用，不斷改造增建房舍，導致面目全非，終至毀壞。現在說起八勝園，只剩下一個公車站，不但在老一輩人的記憶中消失，連住北投的人也覺得陌生，年輕人恐怕聽都沒聽過吧。

林衡道教授的長篇小說《前夜》，以及老夫了哈媒體董事長邱秀堂女士的歷史小品《戀戀台灣風情》中都提到，八勝園地處山坡，居高臨下。園裡密布參天的相思樹林，更添幾分幽靜。分散於森林中的每一個客房，都是獨立的日式木屋，屋內有玄關、客廳，臥室都鋪有榻榻米，也附有洗臉台、浴廁。比起當年洋式觀光飯店的套房，甚至還要豪華。該旅館的日式佳餚，更是聞名全台。

八勝園的日本老闆，是位名叫「阿勝」的中年婦女。阿勝身材非常肥胖，體型宛若一尊彌勒佛，客氣有禮，口才更好，備受顧客喜愛。阿勝日夜都穿著正式的日本和服，腰間綁著厚重的大帶，一手承攬所有旅館業務，終日大汗淋漓，因此手中總是拿著一把扇子，不停地搖、不停地搧。

阿勝周旋在台北的日本官吏、豪商、軍部之間，很吃得開。日本人來台從政經商，不方便攜眷同行需要「臨時妻妾」，阿勝就有本領撮合這些「臨時姻緣」。甚至高官豪商要回日本時，為了打發這些臨時妻妾，阿勝還會替她們爭取退休金或資遣費，同時也可以讓日本人順利「脫身」返回日本。

不但如此，當臨時妻妾意外懷孕生子時，阿勝也有辦法妥善處理。曾有奉總督之命，主導台灣銀行收購林本源製糖株式會社的日本要員，任滿要回日本時，不知如何安排私生子而苦惱，阿勝立刻挺身而出，認養小孩收為養子。阿勝的義舉，傳為佳話。

一九四五年，抗戰勝利，住在台灣的日本人，全部被遣送回日本。阿勝當然也是其中之一，當天在基隆港送行時，很多朋友都來了，臨別依依，揮淚相送，場面感人。在遣送日人行列中頗令人側目。

日治時代的北投及後來的胭脂北投都已消失，而今代之而起的是新式高級的溫泉旅館，如三二行館、麗禧飯店。但溫柔鄉的過往永遠流傳，成為台北時空的一個溫柔印記。

外公年輕時於陽明山華銀草山招待所，泡完湯後休息一景。

幾乎被遺忘的艋舺集義宮

清代艋舺的廟宇其實很多，尤其是王爺廟；而在全台灣，王爺廟的數量也僅次於土地廟。王爺又稱老爺、大人、千歲，稱呼繁多，不勝枚舉。民間認定是直屬天庭的神祇，受玉皇上帝之令（奉玉旨）下凡巡察人間、獎善懲惡、為百姓驅除瘟疫與魑魅等，此即所謂之「代天巡狩」。

福建的泉州稱王爺為「瘟王」，是一種富有原始宗教意味的瘟疫神。每逢夏季瘟疫蔓延之際，泉州沿海的住民就建造一艘精美的神船，船上供奉一尊小型的王爺像，還載兩包米和活雞活羊當祭品，放入海裡漂流，認為可以袪除瘟疫。

王爺船大部分會沉沒海中，少數漂流到陸地。當王船漂到某地時，當地居民就必須集體跪在海邊迎接，在沿海建廟供奉。台灣早期移民大多來自泉州，而這也是為什麼有這麼多王爺廟的原因。

泉州民間流傳，王爺是漢代冤死的三百六十位忠臣，也有人說是唐代冤死的三百六十位進士。三百六十這數字是因為一年有三百六十天而來。而且民間常說王爺有三百六十個姓，一人一姓。實際上，台灣的王爺廟所供奉的王爺只有六十多個姓；有只供奉一姓的王爺廟，比如蘇府王爺（金門館）、蕭府王爺（金唐殿）；也有合祀朱、池、李三姓王爺，稱為三府王爺廟；當然還有台南著名的南鯤鯓代天府，供奉五姓王爺，而成為五府千歲廟。

康定路萬華火車站前，有一座道光年間創建的集義宮，就是供奉三府千歲。由於改建後外觀已無蒼茫古色，許多人從車站出來，或是前往車站，都不會注意到這座相當有歷史的古廟。

朱池李三府王爺，被視為與城隍爺相同，是抓惡鬼維護治安的警察神。南部有些漁村將其當作漁民守護神；北部因為開發樟腦，開採樟腦的壯丁叫作腦丁，腦丁與山番打仗時掛上王爺靈符，據說每戰必勝，有防範的功能，故為腦丁的守護神。

剛剛提到，王船到台灣都是因為祭祀漂流過來的。但集義宮三府王爺卻是道光年間，信徒問卜時要求來台灣，所以是由信徒直接請過來的。

民國三十七年，三府王爺回泉州斗美祖廟歸靈，祖廟本靈駕降鸞指示將有大難，祖廟恐怕不保，要隨三王爺回台灣。不久後大陸淪陷，中共因文化大革命提倡無神論，而大肆拆廟毀神，由於祖廟本靈已隨三王抵台，逃過一劫。民國四十七年，再度降鸞指示製作「斗美靈移」匾紀念祖廟，艋舺集義宮三王神像即為斗美宮碩果僅存之古神像。

據說有敏感體質的信徒會看到王爺顯靈變臉，王爺變臉就表示有大事要交代。我去了那麼多次，從來無緣得見神蹟，可見體質不夠敏感，無緣感受天恩。

三位王爺身邊還有兩位保護王爺的將軍，一位是楊元帥。據說楊元帥的原始神像非常小，曾有扛祂轎子的轎夫不禮貌地叫「矮子爺」，結果起轎時就連人帶轎全部衝到海裡，後來信徒們就畢恭畢敬了。

另一位稱「尤大總巡」。總巡的臉是花臉而且有刺青，傳說祂是苗族人，喜吃生食，祭祀時總以生肉活雞當祭品。說來很玄，祭祀完活雞就沒氣了。尤總巡亦非常景仰三位王爺，在王爺身邊幫忙抓作怪的孤魂野鬼，抓到後釘在釘床上，不許再作亂。集義宮的二樓還有一張黑漆漆的百年釘床，看起來很可怕，釘床上還有枕頭，還蠻符合人體工學的。

三府王爺生日，又稱為王爺千秋，根據古禮要準備「宴王」，先燒甲馬、請兵將，再請神敲響鐘鑼，稱為「科儀」。最後擺上四大碗、四中碗、十二小碗，以慶王爺壽辰。

先前提到的「扶鸞」，是台灣現存最顯著的咒術之一，就是以神靈附筆寫詩文，解決信徒的疑難雜症。

當神明要降旨時，須附身於特定的對象，這個對象通稱為「鸞生」。神明的旨意必須被書寫出來，由鸞生翻譯解讀，信徒才能瞭解神明傳達的意旨，才知道該如何追隨神明的旨意。當鸞生被神明附身，便有超自然的神力，使用桃木製成的Y字型法器，於沙盤上書寫。這個法器稱為「鸞筆」，所寫出的不知名文字即為神諭。鸞筆又代表「鸞鳥」，是一種神鳥，見者吉祥，傳說是西王母的使者，負責傳遞神明的訊息，為神明的信鴿。頭城盧纘祥公館正廳門楣上懸掛有鸞鳥之雕刻，可見其家族有扶鸞問卜的習慣。

集義宮的信徒多為世居艋舺幾代的住民，甚為虔誠，扶鸞所問多為身體健康。王爺提供化方（藥籤）後，信徒還要再拜「採藥童子」，才能使用化方。想不到三王爺早已跟上時代腳步，實施醫藥分業制呢。

拜完三府王爺，對面二百公尺處，萬華區公所大樓的一樓，是在地人最推薦的龍山美食中心，原本在龍山寺廟前的七、八十年老攤，幾乎都遷到這裡。億香滷肉飯、蘇家麻油雞、香義鍋貼、龍山素菜、周記芋圓……人吃一頓之後，再心滿意足地繼續走訪古趣盎然的艋舺吧！

上／艋舺集義宮三位王爺神像。下／廟內用以紀念祖廟的「斗美靈移」匾。

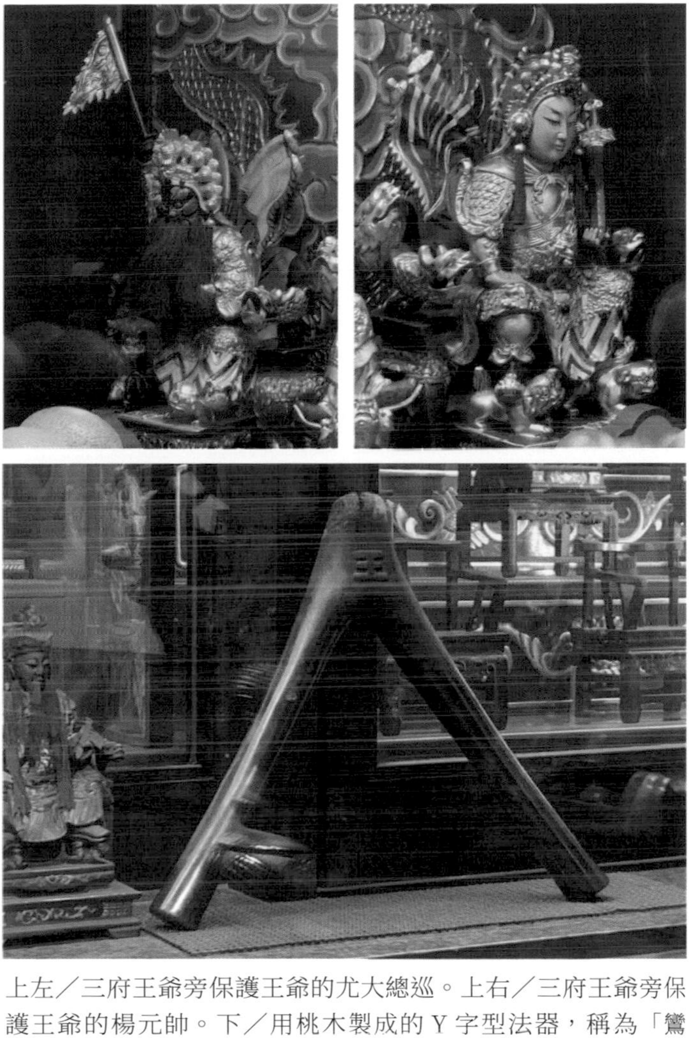

上左／三府王爺旁保護王爺的尤大總巡。上右／三府王爺旁保護王爺的楊元帥。下／用桃木製成的Y字型法器，稱為「鸞筆」。

艋舺的必比登到清水巖祖師

台北的老街區，最喜歡去的就是艋舺，雖然遊民充斥、騎樓下的粉紅泰越軍團常轉頭嚇到人，但艋舺精彩的故事、迷人的傳統建築、古老在地小食，都讓我深覺完勝台北其他地區。小時候常隨外公林衡道教授走訪萬華古蹟之旅，龍山寺、淡北育嬰堂、隘門、義倉、料館媽祖、青山宮、遊廓……幾乎每天聽到的都是這些。

外公不喜歡我吃路邊攤，蛇肉這類怪異料理就更別提，每次經過賣剉冰、爌肉飯的攤子，都流著口水羨慕別的小孩。記得有人請外公吃華西街台南担仔麵，外公帶我去，那時很矬，不識貨，只覺得餐具很漂亮，每次都是一堆吃不飽的海鮮和很小碗的麵。後來才知道那些餐具是 Wedgewood 英國古瓷，現在更屌，全面進化為 Hermès 限量版。其實外公也沒吃飽，他總是叫我的小名說「虎姑婆，我們去祖師廟拜拜」，然後走直興街經過「黃合發芋粿水」（今已不存），買些麵龜、紅龜粿，帶我看看清水巖祖師廟，再搭公車回家大快朵頤。

林本源家各房都有家廚，製作甜點功力高超，外面買的中式點心如果沒有相當水

清水巖祖師廟前被攤販圍著的大埕，阻隔了嘈雜的車聲，成為一個靜謐的空間。

準，不會出現在家裡。外公常自嘲是末代少爺，嚐過的人間美味自然不在話下。這家「黃合發芋粿水」店面小又不起眼，外公每次都這麼介紹：「各位旅客，全世界最了不起的店，就像這家店，沒有大招牌，但艋舺人都知道，生意永遠都好。」然後旅客就大搶購，我就提一大袋免費麵龜回家。外公當時得意的微笑，現在想起，真是可愛。

黃合發是店號，創辦人是已經過世的黃得水，因擅長製作芋粿、米粿、糕點，人稱「芋粿水」。全盛時期與士林「郭元益」、大稻埕「寶香齋」（已停業）並列，算是台北市傳統糕餅業的三大「角頭」之一。原只有上午零售，午後永遠鐵門半掩，趕製大量酬神糕點，青山宮、三峽祖師廟都是主顧。可惜疫情期間結束營業，艋舺古老美食已成絕響。

「黃合發的糕餅包含了生活（歲時節令）、生命（婚喪喜慶）的旋律，也跟萬華地區各廟宇神誕緊密地結合。」這是外公在〈歲時節令與生命禮俗〉論文中說的。

當年的台南担仔麵，如今是正式米其林一星餐廳，昔時外公不讓我吃的路邊攤，竟也榮登米其林必比登，他應該想不到吧。

在歐洲工作多年，因為愛吃，我的肚子裝了一百多顆星星，變得大大的，荷包卻扁扁的。歐洲各國的米其林餐廳都要預約，三道式套餐每人一百歐元起，不含水、酒、小費。晚餐每人兩百歐元起跳，訂位時就得付費，取消不退費。米其林的特色就是：「視覺味覺的享受大於飽足的饗宴，享受優雅的慢食用餐氛圍。」

台灣旅客不懂米其林餐廳的規矩及禮儀，穿不對的服裝被拒絕用餐、覺得太貴進而偷餐廳刀叉茶杯被活逮、吃不飽大吵大鬧要退費，搞到餐廳報警，都是我在歐洲常遇見的突發狀況。

一九五五年開始的必比登（Bib Gourmet）不列入米其林星等，而是推薦中低價位就能吃到的美食餐廳，香港是三百港幣以下，東京是五千日元，美國則是四十美元，而法國、西班牙和義大利則是三十六歐元，台北必比登推介則是一千元以下。

因此，台北出現許多接地氣的必比登，華西街的小王煮瓜、源芳刈包、昶鴻麵點，艋舺清水祖師廟前的一甲子爌肉飯，都成了每份不超過三歐元的銅板美食，不需預訂、隨到隨吃、歡迎外帶，狼吞虎嚥無所謂。每回我導覽，都會詳細介紹台灣與歐洲米其林的差異，聽完故事再吃，有了必比登加持，彷彿連免洗筷都高級了。

附近還有個阿偉飯担，什麼獎都沒得過，使宜好吃菜色多，樣樣火候十足，道道有滋有味。比起號稱老台北人早午餐密集的變質觀光區，阿偉又實在又好，才是我的米其林。

艋舺的文化底蘊，遠超過台北其他地區。心目中艋舺第一古廟是清水巖祖師廟，而

上左／廟內精美的力士抬栱。上右／簷廊龍邊對看堵的「南極仙翁」磚雕，為本島最早有年代考證的磚雕作品。下／正殿的清水祖師爺神像。

非龍山寺。廟前被攤販圍著的大埕，阻隔了嘈雜的車聲，成為一個靜謐的空間，是《艋舺》電影的拍片現場，更是外公講古給我聽的回憶之地。

清水祖師又稱為顯應祖師、昭應祖師，俗稱祖師公，是福建泉州安溪地區的守護神。祖師生於北宋年間，本名陳昭應。傳說安溪發生旱災，昭應公以他手上的拐杖敲擊地面，水就湧流出來，造福蒼生，因而地名取作清水巖，也是清水祖師的由來。

傳說祖師當年剛到清水巖時，遇到先前佔據此地的四個山鬼（張黃蘇李），牠們挑戰祖師，要求祖師離開。於是祖師與牠們鬥法，四個山鬼失敗逃離，卻在半夜回到清水巖把出口封死，縱火燒山七天七夜。本來以為祖師也被燒死了，沒想到祂只有臉被燻黑，仍無恙端坐，也因此被稱之「烏面祖師」。

清水巖祖師爺的神像據說有七尊，其中最有名的就是「落鼻祖師」（人稱蓬萊老祖），和其他六尊不同，臉部鼻子有掉落又重新黏上去的痕跡。傳說每當天災地變即將來臨，祂的鼻子就會掉落，災禍發生過後，掉下來的鼻子會自動黏上去，異常靈驗。

最著名的傳說就是光緒十年法軍進犯淡水，祖師預知，鼻子落下。艋舺人大為恐慌，果然外寇入侵，災難發生。艋舺人情緒激昂，抬著祖師爺神像，到淡水去反擊法軍。淡水軍民看到祖師來助陣，士氣大振，終於擊退法軍，此事至今依舊傳為奇談。

戰事結束後，由於祖師顯靈的關係，淡水人就扣留祖師爺的神像藏在民房，不還給艋舺。直到日治時期興建淡水清水巖，公開供奉艋舺祖師爺；艋舺祖師廟為此跟淡水方面打官司，纏訟數十年依然無法解決，光復以後才由地方人士調解，神像半年供於艋舺，半年供在淡水，風波總算平息。

當年三邑人殺聲震天衝過大埕，火燒祖師廟；多年後安溪人白其祥先生盡棄仇恨，重建祖師廟。艋舺名醫周百鍊任台北市長時，聘外公擔任台北市文獻委員主任委員。外公指定祖師廟為古蹟的手稿，祖師廟複印後開放給民眾觀覽。

周市長長公子周昇平醫師，今為清水巖祖師廟董事長。萬華三大姓為黃、林、吳，其中傳奇仕紳吳昌才的孫女吳月杏總幹事大力奔走，重修、守護祖師廟四十年。

祖師廟的寧靜古雅、石堵楹聯、蓬萊老祖落鼻神蹟，令我百去不厭，講解時總講得特別久。後來，廟方看我天天去，覺得很好奇，董事長問明我的身分後，告訴我很多往事，也讓我得見廟方珍藏的外公手稿。之後和吳月杏女士聊起來，才發現是姻親，從此她便提供我很多史料，讓我視野大開。

艋舺祖師廟的三川殿最精彩：白姓燈籠；屋頂交趾陶是名匠師陳天乞的作品；門神彩繪出自台南繪師陳玉峰之手；檐廊兩側龍、虎二堵牆分別有「南極仙翁」及「麻姑獻

上／祖師爺神像，中間即為最有名的「落鼻祖師」蓬萊老祖，傳說能預示災禍。下／清光緒皇帝御賜的「功資拯濟」匾額。

壽」磚雕，是台灣現存落款（嘉慶丁丑，一八一七年）最早的磚雕作品。

左次間門聯為大龍峒名舉人陳維英真跡、精美的力士抬栱、伏羲八卦、文王八卦。集合了水磨沉花、剔地隱起、內枝外葉、壺裡乾坤四種技法的石雕作品，最嘆為觀止。正殿白其祥的書法、光緒皇帝御賜的匾額「功資拯濟」、三王圖、罕見的古董錫製大燭台，同治年間龍柱……經過時間的淬煉，仍閃耀於人世。

外公生前很少留下正式文字手稿，祖師廟能看到他的手稿，成了我想念他時，最能接近他的地方。

沉浸在古老的時空，歷史自然會找上門。去年研究「白姓燈籠」，竟然就認識了白其祥的後人白錫玠先生，他是萬華知名的牙醫。白牙醫對艋舺老家族知之甚詳，不只一次跟我說：「白家住蓮花池畔，常有新鮮蓮子，你的祖先林維源常來找白其祥喝蓮子湯，還一起蓋台北城喔。」按兩人生辰推算，倒是很有可能，如果林維源會為了一碗蓮子湯從板橋乘轎到艋舺，那碗湯的銷魂美味肯定天下第一。

從蓮子湯、黃合發到必比登，不同世代的人在同一個地區，因食物而產生連結，穿越古今。先人的腳步已遠，接下來的美食，我繼續慢慢找囉。那將是驅使我向前邁進的強大力量。

門神彩繪原出自台南繪師陳玉峰之手，現為陳壽彝（陳玉峰之子）於一九六八年重繪，主題為哼哈二將。

祖師爺運輸官

所謂「清水巖」之爭，是指艋舺清水巖祖師廟和淡水清水巖祖師廟之間的爭議，而三峽祖師廟又稱「長福巖」，並未介入。因兩家祖師廟爭的，是何者才是福建安溪祖廟——「清水巖」最早分靈來台的正宗，所以廟的名稱都稱「清水巖」。而所謂分靈的正宗，是傳說中會「落鼻示警」的一尊清水祖師聖像。這尊落鼻祖師，淡水祖師廟說是他們的，只是暫時供奉在艋舺祖師廟裡；艋舺祖師廟則說，艋舺祖師廟年代久遠，落鼻祖師本就供奉在艋舺祖師廟。此事讓兩邊祖師廟還在日治時代打過官司。

淡水清水巖祖師廟方面的說法：

主祀的清水祖師神像，計有七尊，其中一尊稱為「落鼻祖師」，因為祂曾顯現過多次神蹟，信仰者眾。所謂「落鼻祖師」，本來只是一尊供奉於淡水布埔頭人士翁種玉廳堂的小神像，清法戰爭時，神像竟顯靈助陣，淡水官兵士氣大振，法軍大敗。清廷乃賜「功資拯濟」匾額一面，同時又將其移祀到艋舺清水巖祖師廟。但是淡水民眾不願「落鼻祖師」移祀，要求返駕，日治時期甚至對簿公堂。一九三七年，淡水清水巖祖師廟落

按照廟方指示，抱牢祖師爺入座駕，送至淡水清水巖祖師廟。

成，於是艋舺、淡水兩祖師廟間乃成立協定，決定「落鼻祖師」應平均駐駕艋舺、淡水。幾十年來，「落鼻祖師」聖像，便不斷往返艋淡之間。

艋舺清水巖祖師廟方面的說法：

乾隆五十五年（一七九〇年），創建艋舺清水巖祖師廟，同治六年（一八六七年），艋舺祖師廟即有記錄「祖師公艋淡一體」，可見同治時期，祖師公即為艋淡兩地輪流祭祀。

光緒十年（一八八四年）法軍曾經攻入淡水，當時艋舺有人將落鼻祖師聖像抬到淡水助戰，法軍被擊退。淡水居民感謝之餘，把落鼻祖師供奉在民房內，不歸還艋舺。艋舺人與淡水人發生爭執，日治時期甚至曾經打官司仍無法解決。光復之後，經地方人士協調，採取折衷辦法，半年在艋舺、半年在淡水供奉，即農曆一月、三月、六月、七月、九月、十一月在艋舺祖師廟，農曆二月、四月、五月、八月、十月、十二月在淡水祖師廟。

艋舺清水巖祖師廟，先由外公林衡道指定為古蹟，後來恩師李乾朗教授幾度進行調查研究，二〇二二年由李惠貞教授進行維修及古物調查。對我來說，這是座有特殊情感的古建築，不帶走讀時，常去祖師廟當志工，義務導覽、和耆老們聊天，享受祖師廟的幽靜氛圍。

一直很好奇祖師公聖像如何往返艋淡，每次移駕都錯過，便詢問總幹事吳月杏女士，可否讓我為祖師公服務，擔任運輸官。吳總幹事選了三個不同的日期讓我擲筊，竟然都是聖筊，於是癸卯一月二十九日，雨水，我成了清水祖師爺運輸官。

儀式其實很簡單，吉時到，艋舺清水巖祖師廟敲鐘擂鼓，然後我按照廟方指示，抱牢祖師爺入座駕，送至淡水清水巖祖師廟，淡水廟方擂鼓回應，總幹事接過聖像，焚香安座，擲筊報告祖師爺安座完畢，全程不到兩小時，禮成。

任務完成後，心情平靜滿足。第一次如此心無旁鶩、無罣礙地服務神明，從今以後，願永遠當祖師爺運輸官，不僅往來艋淡，更與祖師爺雲遊四方。

淡水

曾經在送恩師李乾朗教授伉儷回家時，彼此聊到永定土樓。「永定」這個遙遠的地名，是好久以前第一次聽李教授講淡水古蹟時才得知的。李教授說那時的淡水很美，還有些許古色。我想我曾看過教授說的蒼茫之美。

台灣的古鎮舊港，淡水在我心中的份量最重，更甚府城。雖然無法與希臘、義、荷、法等國精緻古典的港口比擬，但卻是個獨特的山海之城，有我太多的回憶。

第一次搭外公的黑頭公務車，就是去淡水、北投；第一次聽李教授講淡水；和高中最要好的六兄弟，第一次在海中天餐廳喝醉酒，然後躺在淡水線的鐵道上；還有和很多女朋友們去過淡水，不知道她們現在好不好？當阿媽了沒？

很多人覺得淡水很無聊，除了老街、河畔、渡船頭，就是肉包、魚丸、鐵蛋、阿給、老餅舖。淡水其實是山城，有五虎崗，風景似九份，日式街屋二層，三層洋樓街區；更是海港與河港，有洋行商埠，繁榮勝鹿港；有西、荷、英、清曾建淡水七砲台，兵家必爭之。再加上隱於市場街衢的傳統古廟，雖是彈丸之地，有歐洲、清、日史蹟交錯，更

上／紅毛城（安東尼堡，荷人建）紅磚角樓及下方雉堞為英人增建。紅毛城古蹟區為台灣世界潛力遺產點之一。（周建輝提供）下左／淡水英國領事館及真理大學大教堂。（周建輝提供）下右／前英國領事館內的英國皇家徽章（Royal coat of arms of the United Kingdom），原本掛在售票口石門，宣告進此門為英國管轄區。

有百分之百的英國遺跡，有趣又好玩。很久沒見伊莉莎白二世女王的宮殿城堡，能在英國領事館想念女王，很阿Q。

淡水曾執福爾摩沙四大港口牛耳，富人雲集，銀樓林立，多為淡水老家族幾代經營，歷史悠久，童叟無欺。尤以忠寮燕樓李家經營的「嘉祥銀樓」最有口皆碑。買過多次，百分百滿意。

淡水人口密集，照理說應該是美食激戰區，可是從竹圍到沙崙，看似處處網路名店，每嚐一家，失望就如無底深淵，無止盡的墜落。

不過也不能一竿翻船，淡水有很高級的平民飲食，Otto pasta 與阿肥熱炒，一西一中，一今一古，都不在淡水老街觀光區，這幾年來都愈來愈好，服務週到，百吃不厭，物超所值，即使找不到車位又下大雨，也一定要吃到，更是最想帶朋友去光顧的餐廳。

Otto pasta，顧名思義，就是專賣義大利麵。別看主廚年輕，食材皆大手筆從義大利直接進口，煮麵時專注的神情有如神佛般莊嚴，炒麵時間拿捏精準，俐落如劍客。餐館內各種麵幾乎都嚐過，乳酪與鮮奶油比例恰好，醇潤香滑；麵條沾著醬、裹著炒料，絕不軟爛，嚼勁十足（大部分義大利麵店為了改良成台式口味，麵條爛糊，不如去吃蚵仔麵線）；附贈的濃湯、麵包、乳酪醬均屬上乘。最喜歡青醬麵，不死鹹，蔬菜泥的清香帶出橄欖油的深邃，每一根麵入口皆歡愉。以前主廚的手作甜點更是畫龍點睛，可惜後來忙不過來，已成絕響。幾個月吃不到義麵很想念，還好最近有外賣青醬包，聊以解饞。獨沽一味，長賣百年，Otto Pasta 就是具工匠精神的好店。

每次去「阿肥熱炒」，朋友都覺得我很有問題，開車一個鐘頭去吃熱炒店（搭我的車還一路龜毛碎唸我）。等到菜上桌，都狼吞虎嚥，大讚美食，再來就是讚嘆這麼便宜的價錢，在台北市區根本不可能，最後打包一堆剩菜回家，嚷著下次還要來淡水，而且很機車地說不要聽我講古蹟，只要來吃阿肥。

是的，「阿肥熱炒」就是這麼有魅力，五月份疫情三級警戒前，整條北新路的餐廳，每到飯點大多門可羅雀，只有阿肥大排隊。在淡水搭計程車，只要說阿肥，司機都知道，都說一定是在地人推薦的。

阿肥熱炒不只是一般熱炒店，主廚曾是北投酒家菜總鋪師，我在大稻埕現存的酒家菜餐廳吃過的料理，阿肥都能重現，還有更多早期的手路菜、功夫料理，阿肥都能做得出來。因此去阿肥的熟客，都知道找多些人點桌酒家菜，比熱炒划算多了。

如果人不多叫不了一大桌，至少要訂一盅阿肥的佛跳牆。佛跳牆故事太多，就不說了，但這是道地的福州菜。外公在福州長大，以前林家家廚是福州師傅，家人都常吃福

淡水龍山寺文殊菩薩。（周建輝提供）

州菜，更見證台北市幾家福州餐館由生意興隆至凋零歇業。因此佛跳牆是我們從小就很熟悉的菜。

佛跳牆用料種類多且講究：豬蹄、蹄筋、排骨、豬肚、海參、魚皮、魚翅、蓮子、香菇、鵪鶉蛋、芋頭、干貝、紅棗、金勾蝦、鮑魚（這是以前林家廚師準備的基本材料，現在坊間餐廳為了便宜，塞一堆筍干、白菜、杏鮑菇，風味盡失）。

備料、泡料、發料，一晚。

鋪料、塞料、灌湯、蒸熟，又一晚。

上桌前，再蒸一小時，開蓋，滿室生香，隔壁佛僧聞香翻牆而來。

成功的佛跳牆，關鍵只有四個字「湯濃味香」，從第一口到最後，都必須吃到燜爛的肉末和著融化的芋泥，香氣撲鼻的燙口濃稠湯汁，如果這一點做不到，只能算是火鍋，不是佛跳牆了。我去過福州兩次，台北、台南的佛跳牆嚐過無數，能達標的甚少，阿肥即是重現此菜的佼佼者。說了這麼多，還是不能內用，就外帶一盅吧。大甕一千，小甕四百，吃完了甕要還喔。

想念淡水走讀的朋友們，盼再聚一堂，歡笑喧鬧。

上／淡水鄞山寺裡的匾額。下左／淡水鄞山寺裡的吊筒。（周建輝提供）下中／淡水鄞山寺裡的龍柱。（周建輝提供）下右／淡水鄞山寺裡的罕見光緒 19 年碑，有中國皇帝年號的最後方碑之一（因之後日治開始，改為明治 28 年）。

淡水清水巖祖師廟，華麗的神龕及大殿木作為罕見的大木匠師郭塔作品。（周建輝提供）

台灣北部

——基隆

清代獅球嶺隧道

最近基隆很夯，「基隆城市博覽會」剛剛落幕，去過的朋友們評價都不錯；看到很多宏偉的日治建築、造船廠遺跡、典雅的洋樓，彷彿參加了世界博覽會。

這些年基隆好像變化很大，多了很多網美景點，還出現模仿威尼斯彩色島（Burano）的正濱漁港，基隆舊漁會也在市府的努力下呈現新面貌。但又好像沒什麼改變，和南法馬賽港（Marseille）差不多，社區樓房老舊無比，街路依然狹隘，車位仍然難尋。每次去基隆，找不到車位很抓狂時，就幻想自己在馬賽港，想像中正公園的觀音像是守護聖母聖殿，心情舒緩，車位就有了。這大概意味太久沒出國快瘋了。

基隆市原名基隆山，明天啟六年（一六二六年）後曾被西班牙人佔領，「諸聖教堂遺址」見證社寮島聖薩爾瓦多城的存在，原來西班牙網紅黑素斯（阿兜仔不教美語）的祖先很早就來台了。嘉慶年間，大批漳州先民遷移至此，將其開發成雞籠港。

咸豐十年（一八六〇年）以降，滬尾、雞籠、打狗、安平陸續開放通商口岸，西風東漸，洋行帶來強大的衝擊，促使台灣邁入亞洲與世界的近代史中，台灣的社會、政經文化經歷了一次明顯而影響深遠的蛻變。一八七〇年代，傳教士深入各地設立教堂，此時台灣開始受到西洋資本主義及帝國主義列強之覬覦。一八八〇年代，台灣因為清法戰爭，為法軍垂涎，終於爆發激烈的台灣保衛戰。一八八四年，戰爭蔓延到台灣，當時劉銘傳主持防務大局，在基隆督戰，在淡水大破登陸法軍，歷盡艱辛完成保台大任。一八八五年台灣建省，劉銘傳擢升首任巡撫。

劉銘傳積極建設台灣，希望「以一隅之設施，為全國之範」，以遠大的眼光與堅定的魄力實施困難重重的新政。築鐵路、通船運、創郵局電報局、採礦、興學等項目中，以鐵路的興建最引起爭議。

鐵道運輸（rail transport）是十九世紀工業革命時期的產物，它不但縮短交通時間，加速文化交流，更是根本性地改變了經濟與社會內部之結構，當時有鐵路的國家，也就象徵國家進步與領導權。隨著科技進步，鐵路更是徹底改變人類生活，在歐洲，荷比法一日三國遊早已不新奇，在台灣，北高一日生活圈已是日常。

中國首先出現鐵路的地區，有上海的淞滬鐵路（一八七六年），唐山的唐胥鐵路（一八八一年），以及台灣基隆與新竹之間的鐵路。首位倡議在台灣興建鐵路的洋務運動大臣是丁日昌，他來台巡視時，上奏請開辦鐵路，又建議把拆毀的吳淞鐵路鐵軌移建台灣，並邀請英籍工程師莫理森（Gabriel James Morrison）來台勘察。不久丁日昌易職，台灣道夏獻綸建議利用這批鐵軌，興建打狗到台南的鐵路，後因故未成，鐵軌淪為廢物。

當時的洋務運動大臣們如李鴻章、沈葆楨、丁日昌等人，對鐵路的重要性，認知不盡相同。劉銘傳認為鐵路在中國具有國防作用，曾上書「請開鐵路以圖自疆疏」，可惜當時清廷官員視鐵路為洪水猛獸，「鐵路三弊之說」、「鐵路九害」的論調成為主流，鐵路建設難如登天。直至光緒十三年（一八八七年）劉銘傳奏准，於台北府三板橋（今喜來登飯店、警政署一帶）設立「全台鐵路商務總局」，台灣第一條官辦運客的鐵路終於興工。

台灣鐵路先自台北大稻埕向基隆方向施工，經錫口（松山）、南港、水返腳（汐止）、八堵至基隆港西碼頭（今仙洞巖一帶）。台北—新竹段則由大稻埕越過淡水河，經新莊、龜崙嶺（龜山）、桃園、中壢、大湖口（新竹湖口）以迄新竹。由於經驗不足、資金短缺，所需經費又比初估增加更多，商人不願出資，只能由官方借貸，因此名為商辦，實為官款，最後只能收回官辦。另外，工人多為兵勇充當，當時的外籍工程師不僅溝通不易，更無指揮權，常更改原計劃路線，工程師換了五次。

一八八七年起施工，台北—基隆段於光緒十六年（一八九〇年）完工，一八九一年通車。台北—新竹段於光緒十九年（一八九三年）竣工。其中最艱鉅的部分為橋樑及隧道。當時路線已測量到大甲，但劉銘傳去職，繼任者邵友濂因籌款困難，改變政策，奏請朝廷停工，現代化的腳步戛然而止。

位於基隆崇德路底的「獅球嶺鐵路隧道」，為最艱鉅的工程。隧道於光緒十四年（一八八八年）動工，到十六年（一八九〇年）才完工，全長二百三十五公尺，由德國工程師畢嘉（Becker）測量定線，英國工程師馬禮遜（H. C. Matheson）應為主要設計人，費時三十個月才鑿通，洞內共分七段，以不同石材堆砌或開鑿而成。隧道內土質鬆軟，飽含沙及水份，容易滑動，且泥土上層有堅硬岩石，人工開鑿極為危險。施工由南北兩端同時開挖，但起初工程師將兩端的高度定錯了，相差十四英呎（四點二公尺），最後大加修改，才得以貫通，今日仍能見到修改的痕跡。

完工後分別向德國、英國購買八輛蒸汽機車，第一號「騰雲」、第二號「御風」。騰雲、御風之名皆來自中文，意思為「極快速」。當基隆—台北鐵路路線順利完工，獅球嶺隧道開通之日，首次行駛的即為「騰雲號」。想像這輛深富歷史意義的蒸汽機車，以最高時速三十五公里，有如騰雲駕霧，呼嘯於縱貫鐵路，直到日本治台後的大正十三年

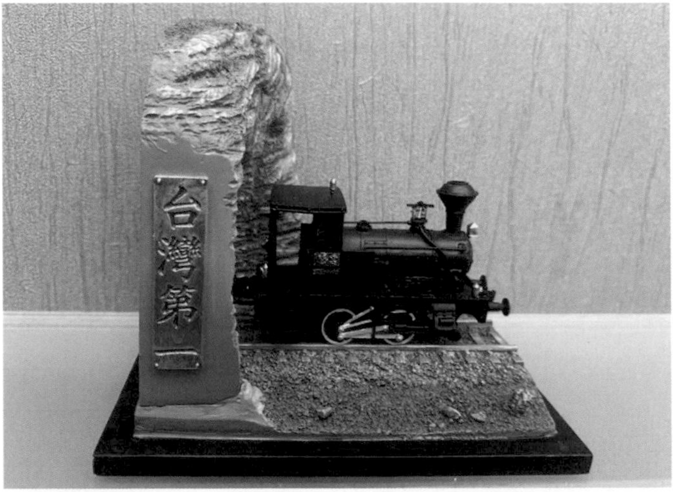

上／騰雲號的模型。下左／獅球嶺隧道口原有的基石。下右二圖／在騰雲號一百三十週年時，同樣擁有一百三十年歷史的瑞士波爾鐘錶公司發行的以騰雲號為主題的限量版腕錶。

（一九二四年）才退役。退休的騰雲號靜靜躺在時光裡，彷彿冬眠。一九九九年完成騰雲號整修工程，重新掛上「騰雲」名牌，保存於二二八紀念公園國立台灣博物館大門前。

一八九五年日本始政初期，鐵道技師小山保政實地勘察後，發現基隆線鐵路凹凸不平，處處急彎陡坡，於是台灣總督府成立「臨時台灣鐵道隊」，進行基隆—台北鐵道改良工程，在獅球嶺舊線東一公里另鑿「竹子嶺隧道」，明治三十一年（一八九八年）三月，獅球嶺隧道通車七年後，正式關門歇業。因位置隱蔽，民國四十七年成為空軍八堵油庫，之後國防部基於安全考量，決定封閉隧道，直到民國七十四年（一九八五年）被指定為三級古蹟，今為基隆市市定古蹟，為台灣第一個被列入古蹟的鐵路建築。

很喜歡基隆的雨，尤其在獅球嶺隧道前，淅淅瀝瀝的雨聲裡，想像騰雲號轟隆轟隆地穿出隧道，將雨港帶向新時代。

一八九一年，「騰雲號」開始往返於基隆和台北的大稻埕，為兩個城市串連起物資與民生，二〇二一年是騰雲號一百三十週年紀念，亦為瑞士老字號波爾（BALL）鐘錶成立一百三十年，波爾錶發行了騰雲號限量版（全球一百三十只），是瑞士錶界首度以台灣為主題發行的腕錶。瑞士人竟然知道這段細微的歷史，很驚訝也很佩服。

基隆的名勝古蹟不僅數量多，且特色鮮明多元，有歐洲人的遺跡、隱藏在山中的古剎，熱鬧街市的大廟、戰爭的砲台、有精彩石碣的巖窟石洞、法國人墓園，處處都有精彩綿延的故事，如今港區復舊如舊的日治公共建築，在在賦予雨港新容顏。希望基隆能愈來愈好，成為景致不凡的海洋水都。

在獅球嶺隧道口。

清法戰爭基隆古戰場今昔

去過多次義大利北部利古里亞省「五漁村國家公園」（義大利語：Parco Nazionale delle Cinque Terre），是五個像珍珠般點綴在山邊的小鄉村。村裡有好好吃的炸海鮮，吮指難忘的美味龍蝦麵，雖然遊客如織，但風景寧靜祥和，是義大利觀光區的淨土。

基隆，三面環山，單面臨海，其實是典型的山城。基隆的房子老舊擁擠，座落在獅球嶺、佛祖嶺、康樂嶺、白米甕一帶的山坡，如果能分散些，不那麼密集，由海上望去，基隆的景觀將美不勝收。古剎老宅及日治時期宏偉精緻的公共建築，以及港邊數不盡的美味海鮮餐廳，這是我夢中美麗的山海之港。

清代台灣沒有國道高速公路，要從艋舺、新莊前往雞籠，大多乘舟溯航基隆河至暖暖，經四腳亭，翻月眉山而至雞籠海濱。路途遙遠，是現代人無法想像的。當時，今天的基隆港埠一帶，稱為大雞籠，人煙稀少，景況荒涼，只有社寮島（今和平島）的小雞籠，帆檣雲集。因此之故，基隆早期興建的廟宇，仍以媽祖廟為主。社寮天后宮、暖暖安德宮，以及崁仔頂魚市旁的慶安宮（基隆媽），雖均已改建，原貌不再，但依然香火鼎盛。

剛辦完城市博覽會的基隆，觀光活力持續不退，處處歡樂洋溢。其實三百多年來，基隆外患頻仍；西、荷盤據數十年，最後被鄭成功驅走；而清末抗法、抗日戰役，為保衛桑梓而戰的壯烈史實，已漸漸被遺忘。

光緒十年（一八八四年）的清法戰爭，至今猶為老一輩基隆人津津樂道。法國人在安南（越南舊稱）製造事端，槍擊清朝代表，引發「觀音橋之戰」（又稱北黎之戰）。憑著船堅砲利的餘威，法國人也想依樣畫葫蘆地在中國撈好處。戰爭一起，法國陸軍由越南往北「潰雲貴、滅蜀中」，海軍更不斷砲擊沿海大城，連當時不算繁榮的基隆港也不放過。

一八八五年，法國強大的遠東艦隊浩浩蕩蕩開到基隆港，司令就是赫赫有名的孤拔（法語：Anatole-Amédée-Prosper Courbet，一八二七～一八八五）。法軍先鋒探路勘察後，獲知獅球嶺早已配置英國人建造的新式砲台，不想冒險，就選擇在大沙灣海濱登陸（今基隆市中正路、正豐街交叉口一帶），根本不把大沙灣山上的土砲台放在眼裡，以為勝券在握。

有備無患，應是基隆抗法戰爭能夠取勝的原因之一。這又得說說道光二十年

（一八四〇年）喪權辱國的中英鴉片戰爭。當年戰爭爆發，台海局勢緊張，由台灣兵備道「姚瑩」（一七八五至一八五三）負責海防。姚瑩為了防範英軍來襲，未雨綢繆地在基隆周圍山上修築許多砲台，這些砲台都是台灣人用最原始的工法築成的，所使用的火砲都是款式舊到不行、明末由葡萄牙人傳入的「火繩砲」。有些老電影裡會看到這種把火藥塞進砲管，然後引火燒引線，待引線燒到底，砲火才轟的一聲發射的老砲兒。這種古早後裝式滑膛加農砲，當時的葡萄牙人將其統稱為「佛郎機」，又稱「佛郎機砲」、「弗朗基火砲」或「佛狼機砲」。

正應了俗語「狗眼看人低」，法軍千算萬算，就是低估這些土砲台的威力。法軍登陸後，砲台居高臨下地狂轟，命中率極高，才上岸的法軍當場死傷無數。台灣人以最土最落後的武器，贏得清法戰爭台灣地區的首役。

遙想當年慘烈戰況，總會想起不朽卡通《宇宙戰艦大和號》，只擁有最簡單的武器波動砲，卻攻無不克。這些砲台架設的大砲可說是當時的波動砲，打敗先進驕傲的歐洲人。可惜當年姚瑩督造的砲台如今大多不存，只在大沙灣山留有一座，是劉銘傳（台灣首任巡撫）於清法戰爭後重建，因位處於二沙灣一帶的山路上，因此有「二沙灣砲台」的別稱。砲台營門刻有「海門天險」四個大字，如今已是國定古蹟，歸於「關塞」類別。

位處二沙灣山麓一帶的「二沙灣砲台」，是清法戰爭的遺跡，目前為國定古蹟。

清法戰爭紀念園區（法國公墓）裡的說明石碑。

海門天險山下，中正路旁，有一座法國公墓，墓園內林立著許多西式墓碑，而於此役陣亡的華人士兵，原本也合葬在法國公墓對面，受百姓朝夕膜拜。日治時期，日本人為了拓寬道路，拆毀華人陣亡將士墓，但保留法國公墓，還把大沙灣改名「孤拔海濱」，紀念率軍來犯的孤拔司令。當時基隆百姓紛紛挺身而出，以堅決的民意向日人懇求由民間重建華人陣亡將士墓，日本人有條件應允，不能鐫刻陣亡者的姓名，只能豎立「清國人之墓」的石碑。光復之後，終於改建成今天所見的「民族英雄墓」。只可惜遊客網紅們多去清法戰爭紀念園區，甚至有本地遊客還買鮮花紅酒乳酪、閃電泡芙擺在法國公墓前祭拜（真是大手筆），我猜可能是中法混血，祖先是當年來台士兵，或是嫁了法國人而祭祖吧（天馬行空亂亂想），然而，近在咫尺的民族英雄墓，孤單佇立在倒閉的餐廳前，無人問津，早已被人遺忘。

話說回來，法軍在大沙灣吃了大敗仗後，並沒有放棄侵台企圖，經過休養生息後捲土重來，選擇在大沙灣對面的仙洞登陸。仙洞防衛空虛，法軍終於得逞，上岸後大肆燒殺，報復大沙灣的戰敗，而這便是直到今天，每當基隆耆老們提及時，仍很忿忿然的「西仔反」。

失去居高臨下的地利，土製武器、竹竿棍棒完全不敵洋槍洋砲，法軍火力強大，堅守很久的獅球嶺終於失守，劉銘傳退守台北，法軍乘勝越過月眉山，進逼暖暖、八堵、七堵，最後大軍進入五堵，距台北城僅剩步行兩日之遙，台北城已岌岌可危。

千鈞一髮之際，「目仔少爺」林朝棟出現了。時任兵部郎中的林朝棟（一八五一～一九〇四），是此役中的頭號英雄，如果不是他的神勇鎮定，清軍就不可能反敗為勝，台灣歷史肯定重寫，我們今天可能都要講法語，拿法國護照。

林朝棟出身著名的霧峰林家，年輕時練武不慎傷了一眼，成了獨眼龍，任統領時獲得「目仔統領」這個別緻的綽號。其父林文察，更是大大有名的卓越人士，曾任福建水師提督，平定台灣小刀會之亂、戴潮春之亂立大功，後來奉命討伐太平天國，不幸被捕，拒降而被活活燒死。林朝棟領導林家兵勇時，愛護下屬、紀律森嚴，軍隊士氣高昂，同心同德，而這便是霧峰林家知名的「棟軍」，林朝棟亦被稱為「目仔少爺」，名副其實的虎父虎子。

林朝棟在清軍節節敗退之際趕回霧峰，率領五百多位子弟兵，連夜快馬加鞭，及時趕到五堵最前線。當時法國士兵因水土不服，病倒人數愈來愈多，棟軍在「烏嘴峰戰役」、「月眉山之戰」兩場關鍵性戰役中大獲全勝，逆轉整個戰局，迫使法軍退回海上。雖然元氣大傷，但法軍依然不死心地攻打金山、淡水，但也沒有撈到好處，最後費盡心

上／座落於月眉山腰的「靈泉寺」，一九〇三年開山，為曹洞宗祖庭佛寺。下／刻有「海門天險」門額的二沙灣砲台營門。

力佔領澎湖時，孤拔病死，沒多久清法議和成立，只能乖乖閃人。

林朝棟的公子林仲衡，是霧峰三詩仙之一，仲衡之女林雙隨嫁台灣第一位醫學博士杜聰明，生下千金杜淑純，杜淑純就是我的外婆，而林朝棟就是外婆的外曾祖父。外婆與霧峰親戚們交情深厚，每次去霧峰，回來就講一遍林朝棟抗法的英勇事蹟，晚年更常講。外婆記憶清楚，口齒清晰，講故事活靈活現，好像她跟著去打了清法戰爭。現在回想，歷歷在目，甚為懷念。

戰爭已遠，昔時古戰場早已不見當年戰況，同治年間，有僧人將仙洞的天然巖窟改為仙洞巖最勝寺，石壁盡是清代及日治書法名家留下的摩崖石刻，其中又以滬尾紅樓樓主洪以南的書法最為著名。洞內狹窄難行的海蝕洞，進出幾乎都要跪地而行，算是進洞禮佛的特殊儀式吧。

月眉山更是清法戰爭激戰之地，而今在月眉山腰，靜如太古的山林中，有一宏偉寺院「靈泉寺」，一九〇三年開山，日治時期在大仕紳許梓桑、顏雲年、辜顯榮的護持下，成為台灣佛教四大法脈之一，如今為曹洞宗佛寺，為台灣佛教月眉山派的本山。靈泉寺初建時為模仿福州鼓山湧泉寺的縮小版，改建後古色盡褪，外公林衡道曾多次惋惜此番改建。

靈泉寺後來於民國四十三年分支另一寺廟，即座落於崇德路康樂嶺頂的「十方大覺寺」；民國六十三年增建大雄寶殿、天王殿，成為台灣巨刹之一。天王殿四大金剛高大可愛，有點Q版的味道。殿外靈塔，似仿杭州錢塘江邊的六和塔而建，天王殿外的平台，外公認為是基隆最美的觀景台。以前陪他去過幾次，真的人煙稀少，如今再去，除了香客比丘，依然無人朝山。

幾次的田野調查，都將終點設定於十方大覺寺，只因為好停車，無人打擾。寺裡有位阿姨輩的比丘見我幾次皆一人來，站在觀景台甚久，竟來邀我一起誦經，還告訴我皈依的好處，要我不要想不開。我跟她說了我帶佛光山去巴西的有趣故事，她笑得前仰後合，知道我不是會跳崖的人，便送我一本年紀比我還老的《大覺小志》，要我好好讀，向眾生推廣書中的佛法，還留給我一張名片，寫下法號「如幻」。說也奇怪，後來再去，就沒遇過了，也許正在誦經或參加法會吧。

「山高寺遠白雲深，暮鼓晨鐘響樹林」，大覺寺的香爐已鏽蝕；梆，依然懸掛屋檐，提醒用膳、沐浴；雲板仍在風中緩緩搖曳。

除了文創店、網美咖啡館，基隆一直存在著鮮為人知、思古幽情的風景，希望往後的來者「到此俗塵全不染，閒來無事喜桐尋」。

上／座落於崇德路康樂嶺頂的「十方大覺寺」，清幽靜謐，有基隆最美的觀景台。左二圖／大覺寺的梆，依然懸掛屋檐，提醒用膳、沐浴；雲板仍在風中緩緩搖曳。

上／清法戰爭紀念園區（法國公墓），墓園內西式墓碑林立。下左／仙洞居民將建屋時挖掘到的骨骸集中埋葬，並設立「中法戰陣亡將上紀念碑」。下右／大覺寺天王殿外靈塔，似仿杭州錢塘江邊的六和塔。

台灣北部——新竹

竹塹城都城隍廟

素有風城之稱的新竹市，舊稱竹塹社，昔日為平埔族的一個大聚落。明永曆年間，鄭氏部將陳緯，進入討伐土番叛亂，陳緯部下王世傑戰功彪炳，得到竹塹。原竹塹社的住民只好渡過頭前溪，遷到今竹北市建立新社，今竹北市仍留有新社地名，而新竹縣的湳仔附近則稱為舊社（今舊社里）。

台灣歸清朝之後，泉州人源源進入新竹開墾，設置淡水廳治。當時台灣分成兩大行政區，大甲以南屬於台灣府，府治設在今台南市，以北設淡水廳，南北遙遙相對。雍正十一年（一七三三年），同知徐治民環植莿竹為城，周圍四百四十餘丈（約一千四百零八公尺），設四門，稱竹塹城，又叫「淡水廳城」。乾隆十一年（一七四六年）莿竹外加築上垣，十八年（一七五三年）擴展至一千四百四十丈，垣高濠深各一丈。道光六年（一八二六年），同知李慎彝與邑紳進士鄭用錫等人共同請奏，改用磚石築城。

隔年，鄭用錫掌理這項工程，到道光九年（一八二九年）大功告成，城周圍八百四十丈（約二千七百公尺），牆高一丈八尺，基丈六，頂丈二，垛九百七十四。四門建有城樓，東為迎曦，西挹爽，南歌薰，北拱宸，各築砲台，環城濬壕，東西架吊橋，計費工料十四萬七千餘萬兩銀，官府共兩成，其餘為民間捐輸。

道光十九年（一八三九年），更在城外一公里，築土城固防，周圍共四百九十五丈。光緒元年（一八七五年），淡水廳改為新竹縣，於是竹塹城亦改稱為「新竹城」。

鄭用錫出生於苗栗後龍，曾上書建議建淡水廳城，並為主事者。雖曾赴北京任官職，但晚年仍回台灣定居，人稱「開台進士」，又稱「開台黃甲」。其實在鄭用錫之前，台灣人考取進士的有陳夢球、王克捷、莊文進二人，除了鄭用錫從未改籍外，其他三人皆改籍或寄籍，因此嚴格上來講，鄭用錫被認定為第一個中進士的台籍人士。

民間傳說，當年鄭用錫領到銀子，開始造城動工之時，道光皇帝在熱河離宮崩御。當時皇帝崩駕，按規定，公家工程要停工三年，因此鄭氏便用此筆工程款投資營利，因而發跡。事實上，鄭用錫除了出任築城總監外，也與堂弟鄭用鑑長期擔任明志書院山長，而其兄鄭用鍾的「鄭恆利」商號，早已成功經營多年，才是鄭家真正強大的資本後盾。

話說鄭用錫中了進士之後，大量投資家鄉後壠（今苗栗縣後龍鎮），經營染布業。由於鄭家祖先是從金門移民到後壠，因此精於此道。

竹塹城僅存的東門迎曦門，是台灣現存最完整的清代城門之一。

清領時，台灣本地人不懂紡紗織布，布多由內地運台，所以鄭氏開業後，生意頗佳。當時，彰化和美也有染布業，但以藍、黑、灰、柿色為主，較為單調，鄭家所產布色姿彩繽紛，為台灣布業帶來新的氣象。鄭家致富後，購田置地，和「內公館林家」並稱為清代新竹地方的兩個最大地主。

林家在新竹的發跡，比鄭家早。早在清乾隆年間，台灣中北部盛行大租戶開墾時，林家主人林紹賢已經是新竹最大的租戶。以往，大租戶均是有力人士，可向官府請領墾區。那時的墾區很大，整個山頭開墾不完的，就分給親友或請流民開墾，於是有大租戶、小租戶、佃農的產生。至今林、鄭兩家，仍是新竹市最大的望族。在竹塹城，民眾常稱呼城內林占梅的「潛園」為「內公館」，城外鄭家的「北郭園」則為「外公館」。文人墨客頻繁往來於這兩座庭園，當時如能受邀作客，可謂是無上殊榮。廟宇有拚場，而兩座庭園內的文人題詩出對子比賽也熱鬧精彩，故有時諺「內公館、外公館，詩文若拚館」。新竹的潛園、北郭園，與台南吳園、霧峰林家萊園、板橋林本源園邸，為清代台灣五大名園，如今潛園、北郭園，只能從老照片及李乾朗教授的手繪圖中憑弔了。

新竹城於日治時期被拆毀，今僅存迎曦門（東門），附近還留有護城濠，形成小橋流水的風光。迎曦門是台灣現存最完整的清代城門之一，已是國定古蹟。

迎曦門附近的土地公廟——東門保福德祠，原稱「開台福地」，清康熙年間由王世傑創建，為新竹市最古老的廟宇。新竹有一特色，土地公廟不稱祠、廟，而稱「福地」，例如水田福地、長庚福地、采田福地、眞福地。新竹許多古老土地公廟的土地公形象，都是眼光炯炯，戴宰相帽，穿龍袍，這是因為新竹出進士，所以土地公升格，而台南市進士多，所以也有同樣有趣的情況。

現在的土地公廟，往往只有土地公，昔日則是土地公和土地婆並列。但是為什麼現在大多只見土地公而不見土地婆呢？傳說是因為土地婆的耿直。當初土地公降臨凡間，玉皇大帝就問祂下凡之後有什麼心願？土地公說祂只想國泰民安，百姓們都一樣富足。但是土地婆就在一旁反對，覺得要是每個人都富足，人們都會養成好吃懶做之風，又有誰肯吃苦耐勞呢？有貧富差距，人們才會勞作，這樣才能發揮社會功能（看來貧富差距一說或許是土地婆發明的）。於是人們覺得土地婆不近人情，就愈來愈少人祭祀了。土地公沒有土地婆，看起來很寂寞呢。

到了新竹，都城隍廟，肯定是必遊之地。城隍祭祀開始於南北朝，經唐、宋、明、清至今，城隍廟已遍及天下。

清代在「陽有職，冥有司」的理論下，認為陽世有省縣之制、省縣長之職銜，冥間亦應具有相同職制，於是經欽定：皇城京都之地有「京城隍」之廟，其銜為「福明靈王」；行省都城之地有「都城隍」之廟，其銜為「威靈公」；而各府府城之地有「府城隍」之祠，其銜為「綏靖侯」；縣邑之地有「縣城隍」之祠，其銜為「顯佑伯」；次之分縣或鎮邑，有「邑主」或「境主」之神祠，其銜以「子、男」爵神而稱。

新竹城隍廟由王世傑家族捐地，乾隆十三年（一七四八年）建成，乾隆帝詔旨列入官祀，屬「顯佑伯，新竹縣城隍」。道光八年（一八二八年），同知李慎彝重新修葺，鄭用錫、鄭用鑑主事。道光三十年（一八五〇年），同知黃開基再次整修，鄭如松、林占梅均大力贊助。

光緒元年（一八七五年），台灣實施「淡新分治」，改淡水廳治之地為新竹縣，淡北為淡水縣，新設台北府，管轄淡、新、宜三縣。台北府治仍置於新竹之原淡水廳署，在光緒四年（一八七九年）將府治遷至艋舺之前，新竹仍為台北府府治，於是新竹縣城隍乃按照府格，晋升為「綏靖侯，新竹府城隍」。城隍爺屢屢顯佑護民，靈驗昭著，便成為台灣居民尊崇之神。

光緒十三年（一八八七年），江西嗣漢天師瞻觀天文，知台灣有天災，翌年內公館林家林汝梅領回聖符，與官民於新竹城隍廟舉辦消災祈福法會，後來無風無雨，國泰民安，遂經奏准新竹城隍晉封為「威靈公，都城隍」，等於「行省巡撫」，今之省長，為冥界封疆大吏，為台灣各地城隍位階最高的神祇。

光緒十七年（一八九一年），皇帝以城隍顯靈抵禦外侮有功，頒賜御筆「金門保障」匾，題匾後再次整修，大正十三年（一九二四年），有鄭肇基捐鉅款重建。道光至日治時期，林家、鄭家一直是城隍廟的有力支持者，特別是北門鄭氏貢獻最大，都城隍廟如今仍由鄭家管理。

城隍的由來，有許多傳說，大抵都是正直護民的善良忠義之士仙逝後被封神。城隍也有考試、補缺、交迭、罷黜的制度。過往漫長歲月裡，傳說中的新竹城隍有：

一、乾隆年間阿里山通事，捨身取義的吳鳳。

二、道光年間，化解大甲分類械鬥的淡水同知曹士桂。

三、於同治年間擔任台灣府鳳山縣知縣時開鑿了曹公圳的曹謹，他在擔任淡水同知時，也曾率領士兵鄉勇擊退英國船艦，有許多為人稱道的政績。

四、大正年間的新竹奇人、半仙楊中和，能預言人的過去未來，曾夜夢鄭肇基之父鄭拱辰為新竹城隍。楊半仙乃向鄭肇基建言，而有鄭肇基捐資，主持重建新竹城隍廟之舉。

左上／新竹都城隍廟內的匾額。「理陰贊陽」，主理陰間獎懲、幫助陽間縣令。「金門保障」，保護台灣民間的百姓。左下／新竹都城隍廟正殿門口上方象徵記人功過的巨大算盤，功過有大乘除。右／新竹都城隍廟的城隍爺神像。

外公林衡道曾講過很多新竹城隍顯靈的事蹟，後經由鄭氏後人鄭德宣及恩師李乾朗教授引薦，求教城隍廟鄭耕亞總幹事，鄭總幹事提及的城隍事蹟，和外公說的相去不遠。眾口皆碑，其中不能說沒有加油添醋之嫌，但能流傳多年，香火鼎盛，也必有不可否認的「靈驗」之處，寧可信其有。略述故事於下：

一、大顯神威，率神將鬼卒擊沉英國犯台艦船：

道光二十三年（一八四二年）二月，英船大舉侵犯大安港，我方防兵微少而武器懸殊，防戰不利，北台官民集新竹城隍廟求神保佑。當英船駛靠海岸之際，忽然晴天霹靂，颶風陣陣，半空神號鬼哭，英船在倉皇之間，自撞暗礁，遂告沉沒，餘船觀之，爭先恐後而逃。大甲、新竹為城隍確保，而英船亦不敢再度侵犯。

二、顯神靈，驚走日本兵：

光緒二十一年六月二十二日，日本侵台先遣部隊抵達新竹，是夜，日軍一隊士兵夜宿城隍廟內，天熱，日人不知禮儀，在廟內裸體，熟睡中之日兵屢屢聽見腳鐐鐵鏈聲，起身查看卻一無所獲，正想再睡，廟內兩排神像竟怒目橫視，城隍班役搖搖而動，揮棍擊打日本兵。士兵驚嚇奔逃，及至天明，依然不敢進入廟內，乃招附近居民入廟為其搬運行李，驚心喪膽移營他處。

三、賭徒呈狀告土地公，土地公托夢求援：

《台灣宗教與迷信陋習》一書內載：光緒二十三年，新竹縣新埔庄邑紳多人，夜夢鎮首之土地公，土地公說賭徒張奎星，向新竹城隍廟指控其「背信，欺騙」不足為正神，要求邑紳等向城隍神，疏述張奎星之為人，代替土地神陳情洗雪其冤。

仕紳們紛紛查證，無賴張奎星平時魚肉鄉民，因要參加一場大賭局，遂向土地公祈禱豪賭勝算，希望保佑其滿載而歸，當以五牲大禮奉敬。土地神三度「允筊」，張奎星大喜，便勒索百姓繳錢，更借款並典當其所有，聚金參加賭局，結果輸得一貧如洗，認為土地公欺騙，便前往新竹城隍廟冥訴。

仕紳們知張奎星無賴至極，認為土地公的作法，為對惡人之教訓，實係大快人心，於是至新竹城隍廟祭拜，為土地公辯白，之後眾紳夜夢土地神訪謝，得之言張某之行為，已為陰司神明所不齒，不得善終。後來果然應驗。

四、籤示「清江公子」平定戴潮春之役：

《潛園憶梅》記載：同治元年彰化戴潮春起事，率八卦會眾攻陷彰化城，兵圍嘉義進迫大甲，全台震動。台灣兵備道孔昭慈，邀集官民於新竹城隍廟參香默禱，祈神示兆，得籤詩曰：「營為期望在春前，誰料秋來又不然，直遇清江貴公子，一生活計始安全。」

內公館林家「林占梅」，字清江，人稱清江舍，奉旨辦團練，任全台團練大臣，傾家產數百萬，成立飛虎軍三千人，一舉攻克大甲、收復彰化，平戴潮春之變，為城隍籤詩所示之「清江公子」，靈驗如是。

新竹都城隍廟的山牆實為參觀時不可或缺的部分，山牆三殿連續，從側面觀之，視覺效果長遠寬闊，讓人感受廟宇之大器雄偉，與在台南永福路側看祀典武廟有相同的視覺美學。法蓮寺與城隍廟相連，一廟兩寺，為較少見之廟宇型態。

都城隍廟三川殿之大木結構，最主要特色為八角藻井（蜘蛛結網）與平闇天花板，為泉州名匠王益順，在台灣繼一九一九年艋舺龍山寺之後的傑作，與龍山寺前殿木結構手法相近，不可錯過。

廟前飲食攤販林立，日治時期稱為「庶民味覺的殿堂」，雖然現今新竹市的中央市場、東門市場、西市場新食況處處，城隍廟埕美食區依然歷久不衰。這類從來沒有廣告、也不想打廣告，傳承幾代、每天人潮不斷的小店食肆，保留了老竹塹城的美食記憶。

深秋漫步竹塹城，感受新竹的風。走古廟、嚐小食、喝好茶，所費不多，享受甚豐，愜意自在，真可謂「散入秋風竹塹城」了。

新竹都城隍廟正殿上方的八卦藻井，為匠師王益順繼艋岬龍山寺後的傑作。

三川殿步口豎材，用料巨大，題材豐富，人物線條優美流暢。
上段持旗童子，中段人物觀戰，下段戰況激烈。

上／城隍廟內虎門平闇天花。下左、下右／法蓮寺三川殿中門左右木屏為對場作品，龍虎邊的螭虎團爐造形不同，皆精巧細緻，水準極高。

金廣福與慈天宮

十七世紀中葉，即明末清初，大量漢人開始來到台灣拓墾。台灣北部的竹塹一帶，昔為原住民道卡斯平埔族、賽夏族及泰雅族所居。漢人入墾後，向內陸丘陵及山區進逼，乾隆五十一年（一七八六年）林爽文事件後，竹塹城東南的北埔、峨眉、寶山三鄉仍為原住民所居。道光十四年（一八三四年）由淡水同知李嗣鄴諭令粵籍姜秀鑾，偕同閩籍林德修、周邦正等合組「金廣福」墾號，進駐北埔，以此為據點，設立一龐大的武裝拓墾組織。隔年（一八三五年）創建「金廣福公館」。

其拓墾範圍即前段提及的新竹東南方之北埔、寶山、峨眉等地，俗稱「金廣福大隘」，是清代組織最大、隘丁最多、任用原住民隘丁最多，也是台灣最早開辦成功的官辦民營開發案例（BOT）。金廣福公館現址即為當時之拓墾組織總部及隘防指揮中心，是現今全台碩果僅存的公館建築。

清領時期，有大批移民來台墾殖，墾戶首領乃築公館，為處理漢人與原住民間交易，以及繳交佃租的館舍，「公館」地名即由此而來。「公館」的地名，台灣四處可見，

見證了金廣福開墾史的北埔慈天宮。

上／北埔慈天宮的前簷口豎材雕有展翅仙童。下左／北埔慈天宮細緻的石雕硬團螭龍窗。下右／北埔慈天宮中門上方的廟名匾。

除了苗栗公館鄉，台北市羅斯福路近台大一帶，迄今仍以公館為名。其實台中、屏東，就連綠島也有公館，而且台中還有三個公館，算是很普遍的地名。

雖說「金廣福」墾號是官民合作的山地開發組織，實際上卻是姜家一手營運，為北埔開拓之關鍵推手。姜秀鑾家族不僅是墾戶領袖，後代更參與清英鴉片戰爭、清法戰爭等對外禦侮戰爭。乙未日人入侵之役時，姜紹祖也率眾抗敵，為國捐軀，為著名的保台英豪。

《茶金》的靈魂人物姜阿新，即為姜秀鑾後人，擔任過由日本政府集中茶葉工廠所統一運作管理的竹東製茶株氏會社董事長，並於一九四六年籌組永光公司，茶葉大都銷往香港、日本，因此有台灣「茶虎」的美譽。

一九八三年，金廣福公館被指定為一級古蹟，一九八五年再將北埔姜屋天水堂列入古蹟範圍內，一九九七年文資法修正後改稱國定古蹟。金廣福公館及天水堂現仍為北埔姜義豐家族所有，代代相傳已延續超過一百八十年。

墾拓帶來信仰，北埔慈天宮的出現，即是金廣福墾拓的重要產物。在當年的北埔聚落裡，要合建一座閩粵墾戶皆能誠心接受的廟宇，供奉觀世音菩薩的佛寺自然應運而生。創建北埔慈天宮的主要人物為姜秀鑾及周邦正，因此慈天宮等於見證了金廣福開墾史。

北埔慈天宮細緻的二十四孝石柱，因寺廟墊高使用二層柱珠，全台罕見。

慈天宮創建年代未有定論，可推測應為道光十五年（一八三五年）建一小寺，道光二十六年（一八四六年）改建為木造，一八四八年竣工，至今雖已多次改建，但仍保留完整，可見昔時蒼茫古色。

大木結構相當精彩，三川殿副栱的仙人披彩帶、前簷口豎材雕有展翅仙童，造形細緻有趣；正殿石雕最值得駐足細看的是二十四孝石柱，全台罕見。

北埔雖然很小，但除了滿街的名產店之外，知識含金量其實很高，希望造訪的遊客可以看見姜家改變此地命運的深邃文化，以及雋永的廟宇建築之美。

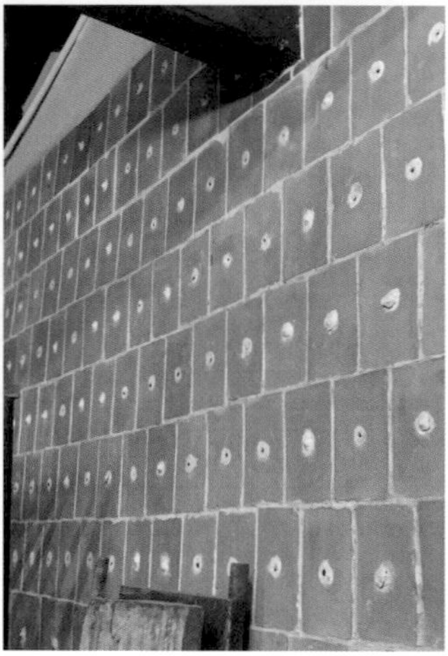

上／國定古蹟北埔金廣福公館，訴說著先民開墾歷史。下左／北埔慈天宮的木雕象座與水平堵的交趾陶。下右／金廣福的穿瓦衫牆。

台灣中部

台灣糖果新港飴

在任教的大學開了門課——「巴黎台北雙城記」，比較兩地的古蹟保護政策、博物館、城市創生，講題的重頭戲當然少不了共談巴黎的咖啡甜點與台北的茶點文化。巴黎貴為法國第一大城，全歐洲的美食應有盡有，台北為亞洲飲食重鎮，新穎價昂，訂都訂不到，要靠熟客帶路的食肆餐館更是不遑多讓。有趣的是，講到法國的甜點，即使是最普通的馬卡龍（macaron）、可麗露（Canelé）、閃電泡芙（Éclair），學生們總是目射精光，點頭如搗蒜，戰鬥力瞬間提升，紛紛舉手分享旅法心得；講到漢點糕餅，個個哈欠連連、眼神呆滯，問吃過的種類與感想，還有人回我從沒聽過，因為家裡只吃進口冰淇淋及名店蛋糕。原來我教的是皇族養成班，真是祖上積德。

昔時親戚多在國外生活，回國時饋贈的伴手精彩多元，印象中家裡永遠有吃不完的瑞士巧克力、蘇格蘭奶油餅，再加上常常收到外縣市親友送來的細休仔，麻粩、花生酥、蔴糬、紅龜、糕仔、酥點，甜食從來不缺，無論是待客或自用，隨便擺盤就是一茶六點，好看又有面子。好處是嚐遍台灣老字號高級甜食真的是大享受，壞處就是吃過頭，如今要很忌口。

台灣糕點百百種，大多很常見，如鳳梨酥、椪餅、漢餅。義美、郭元益這類大型餅舖以先進科技大量生產，提供便利購買的管道，讓人們更方便直接地認識漢餅、囍餅，瞭解糕餅禮俗，功不可沒。但台灣各地仍有許多百年老舖遵循古法，讓最初的美味穿越時空，幾代不變，這份由各地職人維護的強大精神，更是值得探尋的「老派美食」。

這兩年和走讀同好們在各地吃吃喝喝，同好們總會問我哪裡有「好」伴手；「好」的意思就是香濃順口，口味不能太甜或死鹹，闔家皆宜，價格無所謂。雲嘉南物產豐饒，實在的老店最多，醬油、花生糖、黑芝麻粉、白芝麻醬、大餅、布丁……每次都買到後車廂大爆炸，然而再怎麼會買，花費也只夠在法國吃頓普通的飯而已。

嚐過的漢點很多，最喜歡的就是「新港飴」（日文發音：SHINKO-AME），尤其是「香蕉油飴」、「桂圓飴」。吃了半世紀，常常念想，一點都不膩。已經忘記是何時開始喜歡，只記得入口冰涼柔軟，如雪的糖粉和著香蕉油的清香，整個人的精神都活絡了。每次家裡有，我都不分給別人吃，還因此被扁了幾次，對我來說是用生命守護的甜點。對此，外公總是說：「虎姑婆最愛吃老鼠糖。」（我小時候頭髮紅紅，小名是虎姑婆。）

新港飴跟新港奉天宮一樣馳名。有過「進香」經驗的人都知道，拜拜之後，總要拎

擁有一百三十年歷史的新港飴創始老店「金長利」。

個新港飴回家，這趟旅程才算完整。算算「新港飴」的歷史已超過百年。

嘉義縣新港鄉的鄉治，原名蔴園，日治時期稱為新巷，光復後改稱新港。最初住民以客家移民為主，清嘉慶年間客家移民遷出，漳州移民進居於此。新港奉天宮俗稱新港媽祖廟，清嘉慶年間創立。在全台媽祖中，其香火之盛，信徒之多，僅次於雲林縣北港鎮的朝天宮。嘉義縣名產極多，當中又以新港飴、芭蕉飴為逸品，歷經清領、日治至今，仍為台灣傳統糖果中的佼佼者。

新港飴原名「老鼠仔糖」，後改名「雙仁潤」，據稱是民雄庄江厝店小販盧欺頭於清光緒十七年間（一八九一年）所創。盧老先生在民雄一帶兜售自製的「麥芽糖」及「土豆糖」（花生糖）維生，有一次因連日大雨，無法外出做生意，靈機一動，將已潮濕溶化的土豆糖放入剛煮好的麥芽糖內，使花生仁和麥芽糖混合均勻後，再分開做成頭小尾尖的小塊，形如小耗子狀，乃稱之為「老鼠仔糖」。

因命名特異，造型新穎可愛，頗為吸睛，從此盧欺頭專做老鼠仔糖生意，後來因覺得名字不雅，易名為雙仁潤（蓋取花生剝開內有雙仁之意）。

光緒二十年（一八九四年）農曆三月二十三日，新港媽祖廟大拜拜，盧老先生看準人潮，到新港販售雙仁潤，業績長紅，佳評如潮。未幾，便遷居新港，在媽祖廟東邊搭

上左／外公林衡道考證新港飴的文獻。上右／「金長利」店內珍藏豐富的新港飴文物與賞狀。下／「金長利」現任老闆娘盧楊秀美很念舊，不但珍藏外公當年考證新港飴的文獻，更帶我走過外公的足跡。

建一間木屋，掛出招牌「金長利」，並將雙仁潤改稱「新港飴」，於是盧欺頭就成為新港飴的創始者。其後幾經改良，新港飴聲名遠播，繼而又創做芭蕉飴（原名芎蕉糕）、桂圓飴、梅子飴、花生糖等更多樣的產品。日治時期曾參加世界博覽會，多次得獎。新港飴從此銷路大開，製造者亦逐漸增加，除金長利子嗣傳承之外，現今新港自製自銷新港飴及芭蕉飴的店舖眾多，其中天觀珍、聖堂、正美香、玉美香、鳳美香等均屬名店。

新港飴的原料，不外乎麵粉、白糖、麥芽、花生仁等物，而之所以用花生為材料，就是因為距離新港僅十分鐘車程的北港一帶，盛產花生。芭蕉飴的原料，則為糯米、白糖、麥芽、香蕉等等。近年金長利第四代長媳婦，也就是現任老闆娘盧楊秀美，大方公開祖傳秘方，讓旅人香客ＤＩＹ製作新港飴，經由煮、攪、切、剪、包裝等步驟的完整體驗，讓人人都能深刻認識這曾經站上世界舞台的台灣糖果。

幾度造訪金長利，楊老闆娘很念舊，不但珍藏外公當年考證新港飴的文獻，更帶我走過外公的足跡。時光荏苒，老店氛圍依然熱鬧，彷彿百年前，拜完媽祖婆，香客熙熙攘攘擠進店，提著一袋袋的伴手禮，奔向天方與等待的親人分享。

橘紅色邊的透明包裝，不僅是熟悉的味道，更是深刻的追遠，但願年輕人能看見這份美好，嚐到屬於台灣人的糖果的味道。

咖啡香飄送斗六門的那些年

難得閒來無事又早起，心想很久沒讓車子活動活動，索性漫無目的地南下。行經台中、彰化，早已飢腸轆轆，腦海閃過這些城市的各式指標美食，未料平時讓我心心念念的食物，今天卻毫無胃口，可能排隊排怕了，也或許是真的受夠了名店們不可一世的態度。想起很久以前去斗六保安宮吃過一個素食小攤，蘿蔔糕煎軟煎洽洽都香而不膩，鮮美的豆皮味噌湯入口即化，清早開賣，賣完即收，我常常想念。於是乾脆直接去斗六碰運氣，沒想到因為起早而得以再續食緣，真是一日美好在於晨。

斗六新食況不少，在地老字號也爭氣，維護品質、聲譽不遺餘力，市容典雅，文風鼎盛，是值得花心思慢慢品味的城市。

雲林縣沒有雲林市，斗六市是雲林縣的縣治所在，原名斗六門；其得名經過相當原始，也很有趣——以前居住此地的是平埔族，每捕獲山鹿，就會發出「˙ㄉㄨ˙ㄉㄨㄇㄣ」的歡叫。換言之，當年「斗六門」的地名，正是從平埔族歡喜慶賀的讚嘆詞轉音而來。

清代曾在此設置嘉義縣六門分縣。光緒年間增設雲林縣，縣治最初設在南投縣的竹山鎮，後來因為濁水溪經常氾濫，溪南的人過不了河，辦事非常不便，不久便把縣治遷到斗六門，並且種竹為城，城裡還成立舖戶的會議所，等同於商人行會，儼然小都邑。斗六市現在還留有頂城街之類的地名，就是此地曾經築城的明證。由於地位重要，自古就很受官府重視。

斗六市、斗南鎮和彰化市一樣，一直是台灣南北交通要道，地理位置如同中國的鄭州和武漢，自古為兵家必爭之地。光緒二十一年（一八九五年），日本大軍浩浩蕩蕩入城，斗六和斗南民眾群起抗日，結果兩地原有的民宅和古廟全都被日本人焚毀，也導致現今斗六市的古老房屋和古剎稀少。因此，斗六市有不少歷史建築，卻少有古蹟，稱其為「名勝」之城，較為適當。

目前還能在斗六市看到的縣定古蹟，亦是現存最古老的寺廟，應為座落於永樂街底的真一寺。

真一寺原稱真一堂，咸豐十年（一八六〇年）由渡海來台的呂什皆和尚創建於斗六街三四六番地（圓環東邊），供奉觀世音菩薩；初期為龍華教齋堂，昭和十一年（一九三六年）間，因堂宇嚴重腐朽、毀壞，數名齋友發起重建，後經日本當局許可，

上／真一寺前殿格扇全為木造，此為年代較古之作法。下／真一寺內部華麗的三通五瓜。其中第一座及第五座瓜筒分別以象座獅座代替瓜筒，取太平有象大吉大利之意。

遷建於現址，之後更改隸先天教「乾元堂」派下最南端齋堂，俗稱「斗六菜堂」。民國五十三年（一九六四年）嘉南大地震，大雄寶殿震裂，經集資重建，於同年十二月底竣工，即為現今所見之後殿。由於真一寺具有混合龍華與先天兩派系的歷史特徵，在台灣齋教發展史上堪稱特殊案例。

真一寺前殿為泉州派風格，柱樑結構未受震災損害，保存完整。木造神龕造型特別，有勛章飾點綴，為英國維多利亞式風格。牆堵的華麗彩繪，為昭和年間重建時，彩繪匠師劉沛（一八八四～一九七二）所繪。劉沛的傳世作品較少，真一寺目前尚保留其彩繪的兩扇門面，並有落款「石莊」。現今真一寺的彩繪大多為嘉義縣大林的匠師郭田所繪，集中於後殿，三間相鄰的佛堂木板牆皆以彩繪人物裝飾，色彩鮮豔，人物造型樸實，神情自然。後殿全殿為彩繪裝飾，是真一寺的一大特色；可惜我前往時正整修中，未能一窺全貌。

齋教，又稱喫菜教、持齋宗，是台灣民間信仰中龍華教、先天教、金幢教三教的統稱，相傳源於明代中葉的秘密宗教「羅教」。❶一般齋教教徒在家修行，主持教儀，茹素，不剃髮出家，不穿僧衣，男性教徒為菜公、女性為菜姑，舉行法會儀式或聚會的建築物稱作「齋堂」。

真一寺內彩繪匠師劉沛所繪木屏彩繪，左右分別為諸葛亮鞠躬盡瘁、狄青望雲思親。

大正四年（一九一五年），余清芳在台南西來庵以齋教為號召，聚眾二千人武裝抗日，此即「西來庵事件」。台灣總督府繼而對台灣民間信仰展開全面普查，始知當時齋教發展遠較佛教蓬勃，繼而查禁齋教，然而齋教並未消失，至今仍活躍於台灣各處，大溪齋明寺、台南西華堂，均為頗具規模之齋堂。

真一堂隔壁，有一宏偉嶄新的廟宇「文武聖廟」，又稱為善修宮，地方俗稱孔子廟，是斗六學子們每逢考試時節最常進出的廟宇。而當地商人則信奉帝君爺，虔誠求財。此廟興建於民國三十五年（一九四六年），增建於民國五十九年（一九七〇年），前殿武聖殿供奉關聖帝君，後殿大成殿供奉至聖先師孔子。主體建築相當巍峨，門神彩繪為新竹名匠傅柏村作品，與新竹都城隍廟門神同樣珍貴精彩。

善修宮屬於鸞堂系統，鸞堂是台灣民間信仰頗為興盛的宗教流派，又稱鸞門、聖堂、聖門、儒門，或稱儒宗神教、儒宗聖教、儒宗鸞教。鸞教為民間宗教機構，以「扶鸞」進行神人溝通，並將扶鸞作為例行性的宣教活動，奉祀三恩主（關聖帝君、孚佑帝君、司命真君）而形成的「儒宗神教」。

鸞堂其實一點都不神祕，就在日常生活裡。台北大龍峒老師府「陳悅記」家族創建「覺修宮」；外曾祖父杜聰明（台灣第一位醫學博士）的哥哥杜生財亦曾為鸞主，扶鸞濟

上／南聖宮五山式大屋頂。下左／南聖宮內的五百年關公像。下右／銅雕赤兔馬。

世。頭城望族盧家，推廣「喚醒堂」鸞教文化，並年年舉辦「世界華人鸞教文化節」。台北行天宮，更是華人世界著名的鸞堂之一。鸞教文化興盛至今，未曾衰退。

上述兩座廟宇，名氣大、香火旺，但斗六市中心老街亦有古剎福德宮。太平洋戰爭時，殿宇遭日閥所毀，現在的水泥殿宇為光復後重建，古意盡失，然而老街整修時，復舊如舊得非常成功，整體景觀一致，漫行時猶如回到民初時空。

雲林科技大學附近的中山路巷弄中，穿過青翠森林與連綿稻田，吳宅就到了。吳宅由前清秀才吳克明之父吳朝宗興建，大正時期改建，美輪美奐，值得一觀，至今仍為私人寓宅，未對外開放。

大名鼎鼎的「五百年關公像」，供奉在斗六市南郊的南聖宮中。這尊神像高約一丈二尺一寸二分，重約六百餘台斤，是由整棵樟木彫刻而成。在台灣，像這樣巨大的神像實屬罕見，相傳至少有五百年歷史，大器精美，是明初的木雕作品。據說，此神像於民國六十五年（一九七六年）從海上漂流到三條崙海濱，最先被漁夫撿回，放在漁村裡半年，然後被古董商收購，收藏在台北市廣州街民宅，最後才由數百位信徒奉送到斗六，迎入殿宇中供奉。南聖宮建地萬坪，宮中陪祀關平、周倉二神尊及坐騎赤兔馬、青龍偃月刀，均巨大新穎，尤其關刀竟有二層樓高，不知是否申請金氏世界紀錄？看著鑼鼓喧天的進香團及絡繹不絕的香客，可見此廟已成為斗六市數一數二的觀光勝地。

附近的大竹圍引善寺亦然，原本很典雅的古剎已成二層樓公寓式廟宇。廟中兩位法師看著我手上拍攝於民國七十年（一九八一年）的老照片，驚嘆連連，他們完全不知此廟曾改建，更無法想像曾有的樸拙古風。

斗六市附近，有許多像衛星般圍繞的古老聚落，尤其是海豐崙，仍然保留古村廟玄太宮、環村五營將祠等民間信仰。雖經整修，但古意未失。村內處處皆有成蔭老樹，要不是許多三合院門口停放著寶馬、朋馳，可謂是保留了清代台灣典型集村原貌。

玄太宮供奉玄天上帝、中壇元帥、蔭那祖師三神尊。蔭那祖師又稱蔭林山祖師、慚愧祖師。慚愧祖師乃唐代福建沙縣人，俗姓潘，名了拳，少時即出家為僧，在廣東陰那山建道場，廣教弟子。將圓寂時，認為一世未能廣渡眾生，心覺慚愧，故令弟子在自身的靈骨塔寫上「慚愧」二字，因而稱「慚愧祖師」。陰林、蔭林可能為「陰那」在閩南語中音近所造成的音誤。

清朝台灣總兵吳光亮節度台灣，時常遭受原住民出草，軍中奉祀慚愧祖師作為守護神，從此視為「防番之神」，因此南投、雲林一帶的漳州先民，處處立廟供奉，為濁水溪北岸普遍的民間信仰。

上／斗六吳宅的門廳採重簷歇山，為民宅中極罕見之作。下左／昔時村頭村尾供奉五營將軍的小廟。下右／引善寺六角七級金塔。

五營將軍，或稱五營神將、五營兵馬、五營旗等，簡稱五營，是宮廟重要的兵將，保護廟境或村莊的重要護法神。五營神兵的信仰，在漢代以前即已形成，是歷史悠久的神明信仰，而今已在地化，和王爺信仰、城隍信仰及庄頭結合，形成台灣民間信仰的重要元素。台南新營火車站為全台灣唯一設有五營的車站。嘉義六腳東營大將軍廟是全台灣最大的營頭。

斗六市更是農產集散地，臨近的古坑鄉有柳橙、柑橘、咖啡、竹筍、茶葉、鳳梨、芭樂、葡萄柚、火龍果、苦茶油等農產品，其中柳橙種植面積逾一千三百公頃，為全鄉最大、亦是全台灣最大的柳橙產地，有「台灣橙鄉」之稱。

古坑大埔社區的竹筍，年產量高達六萬公噸，佔雲林縣的九成。其中又以麻竹筍用途最廣，是一般家庭最好的入菜食材，如竹筍粥、筍干焢肉、酸筍炒大腸等佳餚，都是令人垂涎的美味竹筍料理。竹筍剛挖掘出來時都是龐然大物，橫切面看似木材，吃起來卻又香又嫩，完全不像外形般粗線條。以前常年在歐洲，經常錯過吃筍的季節，這兩年吃很多，口腹大滿足。

謝淑亞副縣長不只一次告訴我，到雲林，一定要嚐嚐古坑咖啡。提到咖啡，每次只要帶團去義大利，只要能讓我在行程中吃到五漁村龍蝦麵、米蘭海鮮麵，喝到咖啡，尤

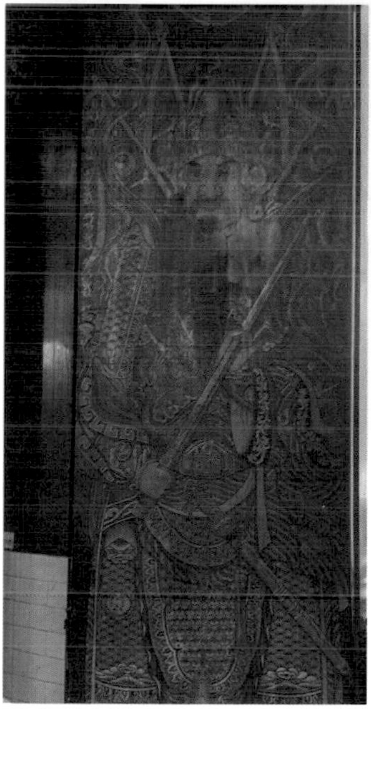

上／善修宮內之龍門書院以大理石貼面，並鑲嵌剪黏裝飾，極為華美。下左／善修宮內彩繪名匠傅柏村的門神作品。下右／斗六玄太宮供奉玄天上帝。

其是義大利的濃縮咖啡，就會很認命不靠天，乖乖完成應盡的本份。

Caffè（義大利唸法，咖啡），意即小杯的濃縮咖啡，是義大利人生活中最重要的飲品，一天都要來上幾杯。不論在高檔餐廳或街邊冰淇淋店、咖啡館、高速公路休息站，隨時都有，一杯一～二歐元，便宜又實在。小小一杯，謝絕糖奶，粗獷地一口飲盡，「燙、濃、香、苦」，再配上一個填了滿滿Nutella榛果醬的牛角包，先苦後甜，身心靈通體舒暢。白天喝好幾杯，晚上反而更好眠。每回從羅馬起飛回台北之前，總會在機場喝上兩杯咖啡，算是回家前的儀式。

我不懂「重烘焙」、「淺焙」這些枝枝節節，不知如何分辨咖啡豆好壞，更從不在台灣喝清淡如水、溫吞不燙的咖啡。在台灣喝咖啡，除了便利店，其他地方好像都要口袋深，特別是標榜有得獎咖啡師的咖啡館，隊伍排得比買快篩還長，一杯幾百台幣很正常。有一次，在大稻埕看到標榜使用超高級罕見咖啡豆的咖啡館，一杯要價六百再加百分之十服務費，店內爆滿，還要預約。看著咖啡店老闆躊躇滿志的樣子，我看我以後還是乖乖爬去義大利喝一歐元的就好。

根據日治時期台灣總督府殖產局技師田代安定的報告（明治四十四年，一九一一年），台灣最早嘗試咖啡栽培，可追溯至清光緒十年（一八八四年）。明治二十八年（一八九五年），田代技師隨日軍來台，對台灣的氣候、土壤、植物展開調查，明治三十五年（一九〇二年）開啟有系統的台灣咖啡研究，而後在東部、嘉義、雲林一帶大規模栽種。台灣種植咖啡至今應已超過百年。

台灣總督府殖產局技師櫻井芳次郎，於昭和四年（一九二八年）出版《珈琲》一書，是目前研究台灣咖啡的第一本專書。書中詳細介紹了台灣栽培咖啡的沿革、氣候、最適於栽培阿拉比卡咖啡的理由、地勢及土壤、咖啡的種類及品種等，其中多次提及受歡迎的古坑咖啡。古坑舊稱「庵古坑」，大正九年（一九二〇年）改稱「古坑」。日治初期，日人就開始在荷苞山栽種近百公頃的「阿拉比卡」品種咖啡，由於品質優良，更獲選當時進貢日本天皇的重要經濟作物。民國五十年代，國民政府在雲林縣斗六地區蓋了一座全亞洲最大的咖啡工廠，成為全台最重要的咖啡加工樞紐。

清早南下，探察結束其實已很疲憊，但謝副縣長是很實在的人，既然一再推薦，這杯古坑咖啡肯定要喝。荷苞山腳下，「谷泉咖啡莊園」便是副縣長的推薦。

莊園主人劉易騰先生，原本是成功的台商，因見父親年紀漸長，無法繼續經營家中的咖啡園，而咖啡是園主從小到大的珍貴回憶，深怕台灣在地咖啡會因此消失，故放棄大陸的事業，回到充滿童年回憶的古坑荷苞山，接手種植咖啡，繼而創立「谷泉咖啡莊園」。園主人帥又氣質好，詼諧風趣。講解咖啡時，辯才無礙、自信專業、目光炯炯，彷佛一眼看穿咖啡的世界，有如傳說中的「達人之眼」。

在大自然裡的莊園，除了咖啡樹，還有許多油桐樹，松鼠跳躍，喜鵲飛舞，很怡人的農莊美景。園主從咖啡起源到產地、運輸過程到演進，完整的咖啡歷史導覽，讓人有恍然大悟的暢快，再實際親手摘豆、處理、烘豆、包裝、品嚐，最後自己製作耳掛咖啡包。行雲流水的過程，完全是大師級的演說及體驗。

谷泉莊園的黑咖啡順口不酸，微苦回甘，不似義大利咖啡濃烈，但喉韻悠長，味蕾彷彿再度沉浸於京都咖啡的高級淡雅。冰咖啡更是逸品，牛奶、冰塊與咖啡比例和諧，奶香不會濃到讓咖啡無味，即使冰塊融化也不會淡如水。我連喝三杯，濃濃咖啡香及甜蜜蜜的黑糖餅、蜂蜜水，療癒了旅途的疲憊。

斗六一日之行，除了隨興，其實更想體會當年先祖編纂《台灣勝蹟採訪冊》的辛勞過程。今時開車走訪都已覺得吃不消，當年的編纂委員們在烈日下，搭沒有空調的客運，揹著相機，一步一腳印地訪談、攝影、記錄，為台灣留下珍貴史料。

旅行雲林，每個城鎮都各有特色，勿忘走訪咖啡飄香、古老的斗六門。

實際親手摘豆、處理、烘豆、包裝、品嚐，最後自己製作掛耳咖啡包。行雲流水的過程，難忘的烘焙體驗。

❶林衡道，《鯤島探源》第三冊，第一九三節〈台南市的齋堂〉，青年戰士報社出版社，民國七十二年九月（一九八三），頁八七七～八八一。

大埤酸菜與三山國王廟

最近很多人問我歐洲旅遊須知，皇族們亦開始要我計劃歐洲各國行程，好像回到幾十年前剛入行當小線控的日子，每天都排行程、找特色餐廳、景觀旅館。皇族們多有親人在國外生活，早已遊歐洲多次，甚至在倫敦、巴黎都有房產，說不定都比我熟。他們特別叮囑盡量安排鄉村小鎮，避開大城市的壅塞交通和治安問題，真是內行，恰好呼應未來的旅遊趨勢。未來的歐洲旅行會逐漸轉型為以單國大城市為中心，再呈放射狀至周邊城鎮旅行，既深入又減少舟車勞頓。

如果歐洲還有浪漫，就在各國小鎮了。歐洲之所以迷人，最重要的原因就是「小鎮」。鎮上也許只有一個老教堂、一家超市、幾間餐館咖啡廳。出了小鎮，只有森林和大片綠地及簡單的單車道。沒有台灣很流行的觀光工廠、主題樂園，更沒有隨處可見的二十四小時便利店。早期台灣觀光客初到歐洲旅行，都說歐洲人沒夜生活很無聊、沒便利店很可憐 讓我額頭經常有很多線，天上烏鴉成群飛過。

不過度開發，保有寧靜自然的環境，與鄉村純樸的善良風氣，在歐洲是再平常不過的事，但在台灣確實不多見。尋找「陳應彬之路」的過程中，多次前往雲林各鄉鎮，才發現大埤鄉就是台灣很可愛的小鎮。

大埤鄉原名大埤頭，據說荷據時期已有從大陸來台的先民在此開發，他們在今豐岡村一帶築砌「紅毛大埤」儲水。至於荷蘭人在此築水潭一事，應屬穿鑿附會之訛傳。紅毛大埤如今已成良田，找不到昔日遺址。

關於「大埤」名稱之由來，較被接受的說法，是因為在其西南方、接近虎尾溪與三疊溪交會處，有一名為「西勢潭」的大水潭可供引水，並有先民築埤蓄水，遂得「大埤」之名。

世居大埤之民，漳、泉、客籍都有。最先抵達的是客家人，之後來因漳泉移民人數後來居上，早來的客家人反而被同化，變成所謂的「福佬客」。大埤的賜福宮、三山國王廟，創建年代甚早，足以證明客家人與此地的深厚淵源。

台灣的三山國王廟很多，屏東九如三山國王廟、鹿港三山國王廟、台南潮汕會館、新莊廣福宮、荷婆崙霖肇宮、大埤三山國王廟……都是歷史悠久、建築精彩、香火鼎盛的古廟。

所謂客家，本是中原住民，晉代永嘉之亂時大舉南遷，定居於粵東、閩西的山區。

此後每逢中原動亂，客家地區的住民都陸續南遷此地；宋室南渡後，遷徙而來的人數更為可觀，是漢族影響深遠的民系之一，也為漢族中唯一不以地域命名的民系。

古代的中原，盛行自然崇拜之風，特別是山嶽崇拜，如五嶽；自然氣象崇拜，如風雷水火。中原居民到了廣東，發現獨山、巾山、明山，依循山有山神的觀念，崇拜這三座山，三山國王信仰於焉產生。祂們是自然界的神，是無形的山神，不是由人類成道成仙。現在看到的三山國王神像，是仿桃園三結義而擬人化的。大王仿劉備為白臉、二王仿關公是紅臉、三王仿張飛且加刀痕成花臉。有些廟的大王也有黑臉，因為被香煙燻黑了。

最早的可信文獻是元至順三年（一三三二年）由「劉希孟」歸納的歷史性傳說《潮州路明貺三山國王廟記》，記載三山神是「肇跡於隋，靈顯於唐，受封於宋」。相傳隋朝某年，有神三人從巾山的石穴出現，自稱兄弟，「受命于天，分鎮三山」，成為潮州的地方信仰。唐代韓愈貶任潮州刺史，曾以「少牢」之禮致祭。

宋代開國之際，三山神現身助陣，宋太宗詔封明山為「清化威德報國王」、巾山為「助政明肅寧國王」、獨山為「惠感弘應豐國王」。宋代以降，「明貺廟」已是三山國王廟的尊稱，為皇帝褒揚的廟宇。「明貺」為宋太宗敕封三神為國王時所賜的匾額名稱。「貺」

音況，意為賞賜的禮物。

明代盛端明撰〈三山明貺廟記〉，則將明山與巾山的封號對調，因此究竟何者為大王，迄今懸疑，不過三王（獨山）為大，座次居中的說法已甚為普遍。

清時石龜溪未淤塞時，由早知港上岸即達「大和街」，有千戶人家，非常熱鬧，光復後改為新街，今為大埤鄉大德村。

明永曆二十八年（一六七四年），張忠義、劉一平等人渡海來台，奉揭陽霖田都明貺廟三山國王保身，後奉祀於街中自宅，據說此即三山國王神像來台之始。當時大和街的衛生條件極差，百姓多染疫病，於是祈求三山國王神威庇佑，施醫救世，結果每求必應，病者皆得痊癒。眾弟子感於神靈顯赫，遂倡議興建廟宇。由於三山國王明示，廟址應在大和街「百姓公」落腳處，應神旨示意，百姓公決定禮讓，結果前殿奉祀三山國王，後殿為百姓公。

嘉慶十四年（一八〇九年），張元國、張元基兄弟，召集五十三庄善信，鳩資八千五百銀元興建廟宇，更遠從廣東陸豐縣雕造三山國王金身，迎回奉祀，廟號「大和街三仙亭明貺廟」，並組織七大柱，綜理祭祀大典。（七大柱由二縣八鄉民眾組成，包括大埤鄉、元長鄉、斗南鎮、古坑鄉、大林鎮、溪口鄉、民雄鄉、梅山鄉）❶

筆者攝於大埤三山國王廟前，三川
殿左右夾戶高聳的八角鐘鼓樓。

明治四十年（一九〇七年）發生大地震，三山國王廟倒塌，然而當時民眾經濟困難，未能立即募款修建，遂由信徒張建朝以茅屋安祀。大正元年（一九一二年）九月，以及大正九年（一九二〇年）九月，茅屋皆因大雨受到嚴重侵害。直到昭和六年（一九三一年），當時的管理人張有卿，向轄內五十三庄善信募款三萬餘元，始得重建廟宇。重建時，百姓公向信眾指示，願退出禮讓三山國王。於是信徒劉守騰獻地，集資在廟後興建百姓公廟。而三山國王也指示，以後到三山國王廟參拜時，應順道前去參拜百姓公廟，形成著名的慣例：「三山國王有吃，百姓公也應有吃」，流傳至今。

大埤三山國王廟的主建築為傳統木構磚造，大部分為昭和六年（一九三一年）與民國三十六年（一九四七年）修繕。木雕特色主要集中於各殿木棟架之瓜筒、斗座、斗栱、束隨、彎栱、托木等木構件，以及神龕花罩與門扇，由彬司（陳應彬，一八六四～一九四四）派下的「胡賢」承作，因此帶有所謂的「彬司風格」，主要表現在構架比例、瓜筒、束木之形式，雕工活潑，花鳥植物形態皆十分多變。且受日治時期引進西洋建築元素影響，吊筒、柱頭皆可見類似毛莨葉的捲草飾。

陳應彬技藝傳子陳己堂、陳己元、陳由和，胡賢為陳己堂第一頭手（高徒），台中人，為人行事嚴謹，作品求精不求量，除了大埤三山國王廟，最有名的就是於昭和十一

上／大埤三山國王廟嘉慶年間存留至今的「熙朝柱石」匾額，在日治末期曾被鋸來當防空洞的門板，因此「柱」和「石」有明顯接痕。下／大木匠師胡賢的金瓜筒，金瓜飽滿，瓜腳較長，有濃厚的彬司派色彩。

年（一九三六年）設計承建雲林土庫順天宮，和溪底派名匠王錦木對場。胡賢也曾跟著陳己堂南下承建屏東東港東隆宮。民國四十八年（一九五七年）左右，胡賢於興建台北關渡宮期間過世。

大埤三山國王廟附近有溪北六興宮、北港朝天宮、麥寮拱範宮、新港奉天宮……想像當時陳應彬領軍蓋北港朝天宮，他的頭號勁敵吳海桐隔著北港溪修建新港奉天宮，遙遙對場，而兩人的徒弟徒孫則在各座廟宇拚場。匠師們以過人的智慧、工藝技術，將三國、封神榜等故事呈現於一件件精巧的木構件上，這是一般人不知道的武林，而他們的功夫，會百世流芳，成為非物質文化遺產。

接連去了幾次大埤三山國王廟，每次都詳實記錄，認真求教。總幹事王秀玲小姐和主委劉瑞德先生知道我只是學習，並無不良意圖，不僅開放神龕，還讓我見到乾隆年間的古香爐、道光年間的聖旨架，最古老的明貺廟神主牌，三山國王、國王夫人的神像。當我以毫釐之距親眼見到這些古物，感受其散發的莊嚴肅穆，心中巨大的感動無法言喻。

廟方人員非常好客熱情，每次帶走讀，廟方都怕我們餓著，準備好多料理招待。大埤三山國王廟的志工幾乎都是廚神，個個手藝了得，從沒踩雷過，即使一盤素麵，也都讓人吃到欲罷不能，還要打包回台北。最近一次去，總幹事一直抱歉，說進香團多，只

大埤三山國王廟之鑲銅條彩色磨石子龍柱，為近代所創。

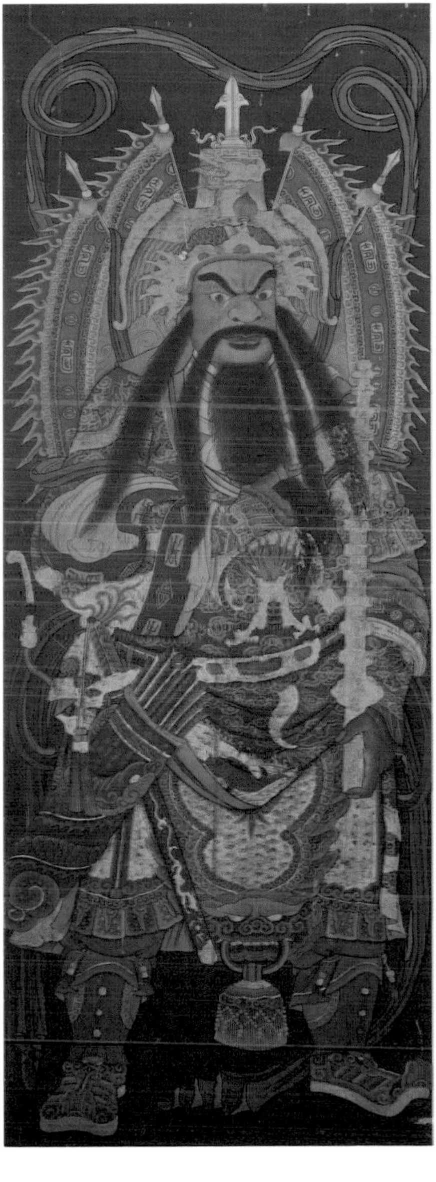

大埤三山國王廟門神彩繪相當精彩，是匠師郭田所繪。

準備三樣點心：酸菜鴨、筍塊芋粿巧、西瓜。

看來平淡無奇的芋粿巧，外皮之細緻柔軟，內餡美味之極致，不誇張，二十四人吃光八十個芋粿，半大鍋酸菜鴨，還一直問總幹事如何團購。總幹事和主委高興極了，除了聯絡團購，還教大家如何保存食用，本來計劃參觀三山國王廟一個小時，結果變成芋粿巧教學課程，美食征服世界。全台沒有其他地方比大埤更適合把酸菜當成伴手禮，主委深明此理，又送每人三包酸菜，這是我帶過最妙的走讀了。

大埤擁有自然純樸的田野風光，還有各種讓人吃得又飽又放心的在地小吃店。飽，因用料實在又美味；放心，因為是真的銅板價，不是一餐要幾十個五十元銅板的銅板價。「大埤殺豬」的炒麵豬雜湯、「中正小吃」的雞肉飯什錦湯、「大埤碗粿」、「三腳窗米糕刈包」，都是再平常不過的小食，但就是比大城市做的得好，令人百吃不膩。大埤觀光客甚少，店家每天營業時間都不長，所賣種類不多，專精一味，賣完就收，品質甚佳。不用排隊，更不必用最不環保的塑膠湯匙、紙碗吃喝，氛圍甚好。

大埤小吃之所以美味，端賴每家的湯料幾乎都有酸菜，入口微微酸爽，食畢回甘解膩。大埤鄉一直是台灣首要的酸菜（又稱鹹菜）產地，全台近達八成的酸菜來自大埤，故為著名的「酸菜故鄉」。

「龍王賣酸菜——窮神」這句歇後語，我從小聽到大，意思就是酸菜是窮人家的食物。我從小喜歡吃酸菜，酸菜炒肉末、酸菜炒鴨腸、酸菜肚片湯、酸菜炒麵腸，吃牛肉麵也一定要加一匙酸菜，多麼快樂，到現在都還愛得不得了。以前外公林衡道吃飯，有些大家族的堅持，認為窮人食材不能上桌。管家知我愛吃，常常炒一大盤酸菜麵腸，我才不管外公吹鬍子瞪眼睛，就在他面前大嗑好幾碗。後來他不知道在哪裡吃到客家鹹菜鴨，驚為天菜，常常吵著要吃，就破除了這個奇怪的規矩。但我們一致無法接受酸菜包子，應該是遺傳。這是我們祖孫的「酸菜情緣」。

大埤鄉之醃製酸菜，應是源自客家技藝，想知道酸菜的製作過程及身世，冬天去一趟大埤就懂了。芥菜豐收期在冬季，農夫在稻作秋收後於田間撒芥菜種子播種，待其成長至二十～三十公分時採收食用，或醃製為酸菜。每年產量約十八萬公噸。酸菜工廠女工先熟練地用小鐮刀將酸菜的心、葉切割分類，再放入酸菜缸。所用的酸菜缸之大，像個小游泳池。接著農工倒入大量的鹽，不停攪拌。有些酸菜槽太大，怕工人溺斃，還得用怪手翻攪。如果不怕發酵的味道，真該看看這很寫實的酸菜製造過程。

雲林大埤地處偏郊，稻浪連綿至天際，在大埤最常見的日常風景，就是載著很多菜的小發財車，穿梭在田野小徑，很緩慢，讓人忘卻緊張。

上／大埤小吃之所以美味，端賴每家的湯料幾乎都有酸菜。下／大埤三山國王廟內乾隆年間的古香爐。

大埤在我心中並不亞於每一個歐洲小鎮，是個可以看見台灣純樸本質的真農村。希望我的朋友都能來走走，這才是真正的「看古蹟，吃小吃」！

❶三山國王廟提供給客委會網站之資料，客家委員會客家文化發展中心，客家文化資產數位網。

台灣南部

喜歡歐洲精品的時髦媽祖

台灣的媽祖廟何止千座，論規模與香火，首推北港朝天宮與大甲鎮瀾宮，其次為新港奉天宮與彰化南瑤宮，以及最近遶境很火的白沙屯拱天宮。從宋代至今，媽祖護佑眾生，保護漁民，神蹟屢現，成為庇護航海安全最重要的神明，媽祖漸漸成為中國與華人地區流傳最廣的民間信仰。

記憶中認識的第一座媽祖廟，並不在台北。小時候外公講「何斌獻圖」的故事，何斌提供的精密航海圖，讓鄭成功的船隊順利進入台江內海，並避開熱蘭遮城的大砲射程，到達德慶溪注入台江內海的溪口，此地稱「水仔尾」。

鄭成功看著何斌的地圖，知道溪口左岸有一間草寮，就是百姓奉祀的「媽祖寮仔」，裡面供奉媽祖神像。鄭成功站在船首，面向媽祖寮仔，合十跪拜，感謝媽祖保佑鄭軍順利登陸。不久，鄭軍即掌控了台南大部分地區，荷蘭人只剩下安平的熱蘭遮城。

鄭成功下令第二批從廈門來台的艦隊，運來磚瓦，然後把德慶溪口的媽祖寮仔改建為磚造媽祖廟，這是府城最早的媽祖廟，因此以「開基」來冠稱。開基媽祖廟主祀的媽

台南開基天后宮，廟宇雖小，古物豐富，擁有乾隆年間的早期龍柱，實為當今真正的古廟。

祖神像身高大概只有一尺左右，民間暱稱「船仔媽」，製造於明崇禎十三年（一六四〇年），為彌足珍貴的明朝古物。

之後，施琅攻台成功，媽祖從天妃被敕封天后，寧靖王府被改為「大天后宮」，民間稱「大媽祖廟」，「開基天后宮」就被稱為「小媽祖廟」了。

外公講過多次開基天后宮的由來，主因在於附近的鴨母寮市場（今台南成功路上的光復市場）有很多美味道地的台南小吃。（《鯤島探源》第三冊，〈台南市的傳統飲食〉，介紹甚詳）

後來跟他去了台南，美食當前，不吃路邊攤的外公也抗拒不了府城小吃，展現出風捲殘雲的實力，從市場頭吃到市場尾，蝦丸湯、碗粿、包子、排骨飯、菜粽、蟳丸，蝦仁肉圓……度過一個很快樂又很飽的上午，更訝異外公的食量如此驚人。

外公很喜歡小媽祖廟對面的百年餅舖「舊來發」。光緒年間，何士銓和張炎這兩個同門師兄弟學藝以後，何士銓就在開基天后宮旁開了生春堂舖，張炎在水仙宮旁創立了舊永瑞珍餅舖。生春後來改名「來發」，民國初年為了與新開的同名店舖區別，改名「舊來發」。

舊來發的產品依四時節令各有不同，府城人冬至吃的菜包、臘月二十三送神後的年

上／台南大天后宮正門上方廟名匾額，殿宇極高敞，使用多層斗拱的牌樓構造，明間高懸宮燈。下／頭戴鳳冠身著霞帔的帝后級神像。

糕，均為古法製作的逸品。樸實無華的餅櫃，仍可買到傳統椪餅、白糖餅，以及象徵反清復明的「九豬十六羊」。

後來常獨自去台南，每次都會到開基天后宮，廟宇雖小，古物豐富，實為當今真正的古廟。台灣最古老的康熙龍柱、清代台灣最知名藝術家林朝英的「湄靈肇照」、「慈慧」古匾。知府蔣元樞，這位清朝著名的城市美學家，幫開基天后宮修築精美的後殿，並督造府城三尊觀音像，尊尊都是藝術珍品。開基天后宮的「傾聽觀音」相當傳神，菩薩側坐，表現出傾聽微語的姿勢，悲天憫人，神態親切。

開基天后宮裡面奉祀的媽祖神像有崇禎媽、鎮殿媽、開基媽、大駕媽、開基媽副駕、四媽、老三媽、縣媽、三媽副駕。前面所提的「崇禎媽祖」，是最富歷史價值的。但最有名的是開基媽副駕，為廟方新雕，任務是代替正駕出巡交陪。熱情信徒認為出巡就要很有面子，為祂獻上日本珍珠項鍊、紅寶石戒指、純金手鐲，還有貨真價實的ＬＶ包和ＬＶ絲巾。這些行頭平日都鎖在保險箱裡，只有出巡才會拿出來幫媽祖盛裝打扮，也因此造就了聞名全台的「ＬＶ媽祖」。

二〇二一年，適逢天后祖廟建醮，開基媽副駕盛裝打扮登殿，出門前信徒再為祂添新行頭，將手持絲扇換作全新打造的金扇。廟方表示，媽祖姿態造型常見左手持手絹、

正殿上方的「湄靈肇照」匾額，出自清代台南最知名藝術家林朝英之手。

右手持扇，許多信徒會「寄付」手繪或刺繡圖騰的絲扇，這回首度有信眾獻上兩把以鳳凰造型設計、各約五兩重（二十公分乘以十五公分）的金扇，一把給開基媽正駕手持，另一把則是副駕出門用，替媽祖婆增添風采。

這便是我所認識的第一座媽祖廟，喜歡歐洲精品的府城開基媽。媽祖的行頭見證府城的富庶與信徒的虔誠、活力。除了小吃，府城民間信仰與時並進的精彩進程，使台南的旅遊魅力永遠不墜。

手持 LV 絲巾的開基媽，有「LV 媽祖」之稱。

曾經歐洲風情十足的安平古堡

安平距離台南市中心大約四公里，從台南市中西區開車，大概二十分鐘就可以到達，如果搭乘安平運河遊船前往安平港，再遊老安平，更是有趣的方式。

今天的安平有許多重新規劃的旅遊景點，朱玖瑩故居、東興洋行、夕遊出張所、樹屋等等，當然更有歷久不衰的安平古堡、安平劍獅聚落。

安平古堡就是熱蘭遮城。荷據時期，荷蘭人原本在澎湖風櫃尾建城堡，澎湖在明代屬於中國版圖（大員不是），大明對荷人施壓，荷人只好拆除風櫃尾城堡，將拆城堡的建材用「熱蘭遮城」號商船，載到大員一鯤鯓（即今安平）建砲台。一六二四年初建時名「奧倫治城」（Orange，荷蘭王室為奧倫治家族），一六二七年以荷蘭澤蘭省命名，改建為「稜堡」型態的「熱蘭遮城」（Zeelandia）。

稜堡（Bastion），為歐洲的軍事要塞建築，約莫文藝復興時期之後到十九世紀，歐洲戰爭繁多，因此興建許多稜堡，至今留存最完好的多數在義大利與荷蘭。稜堡的位置通常在城堡前端，延伸出側面的高牆與堡壘本體相連，形成保護牆的功能，保護城堡主體，現今荷蘭著名的旅遊景點布爾坦赫星形城堡（Bourtange Fortress Museum）、日本北海道五稜郭，都是保存完好的稜堡。

熱蘭遮城全城以稜角城堡方式設計，以糯米汁、糖漿、沙與牡蠣殼粉調和而成為非常堅固的建材。城堡位置扼守台江內海出口，易守難攻，成為荷蘭東印度公司統治台灣和對外貿易的最重要據點。

熱蘭遮城分成內外兩層，內層為方形，共有三層。地下層為倉庫，地上兩層，最上層四角有稜堡，為砲塔之用。各立雉堞、瞭亭星佈。

熱蘭遮城是荷蘭東印度公司台灣總部的所在地，也是大員長官公署，處理全台灣的事務。熱蘭遮城不僅是具有軍事防禦功能的堡壘，城台上更是房舍林立，有醫院及民房，廣場就是交易場所，來自各國的商人攜帶各種貨物來此交易，成為國際商務中心。不過一般荷蘭人居住在普羅民遮城（今赤崁樓）外的「大員市街」，因為在內陸生活，機能比較方便；只有在戰爭爆發時會被召集，進入熱蘭遮城接受保護。

荷蘭東印度公司（Verenigde Oostindische Compagnie，簡稱ＶＯＣ），成立於一六〇二年，是世界第一家跨國企業，也是第一家股份有限公司。荷蘭對世界的航海策略採行「重商主義」，因此可以說真正的「海商帝國」觀念源自於荷蘭。荷蘭東印度公司被賦予組織傭兵、發行貨幣、簽訂條約、管理殖民地等類似國家行為的特權。由於當時台灣的蔗糖、鹿皮、樟腦在各國都是搶手貨，因此荷蘭東印度公司壟斷了原本由西葡控制的中國與日本航路，經營海上貿易，使台灣第一次進入國際貿易的大市場。一六六二年，荷蘭東印度公司因鄭成功攻台而撤出台灣，一七九九年正式解散。

一六六一年，鄭成功攻台，先敗普羅民遮城，再集合大部分水師與陸師，包圍熱蘭遮城。經過九個月的圍城之戰、鄭軍屯墾、台江內海之戰、烏特勒支碉堡戰，一六六二年一月二十七日，終於停火和談，最後一任荷蘭長官揆一親手遞交鄭成功十八條合約，而鄭成功則遞交十六條合約的荷蘭文譯本給揆一，戰爭結束。大航海時代三百年，這是唯一一次東方戰勝西方的戰役。

鄭成功取得熱蘭遮城後，為了紀念在福建故鄉安平自殺的母親，將大員改成安平鎮，改熱蘭遮城的內城為延平郡王內府，供鄭成功與家眷居住。

同時在外城南牆另闢一個便門「閭関門」，鄭成功心感春秋時期的鄭國雖小，猶能禮賢下士，有恢宏之志與大國一競長短，比喻台灣雖小，只要能圖強，仍大有作為。這道古牆，才是荷蘭人熱蘭遮城城堡的真正遺跡，稱之為「台灣城殘蹟」。

可惜，鄭成功只居住了四個月就病逝，之後鄭氏王朝的三代統治者都駐居此城，安

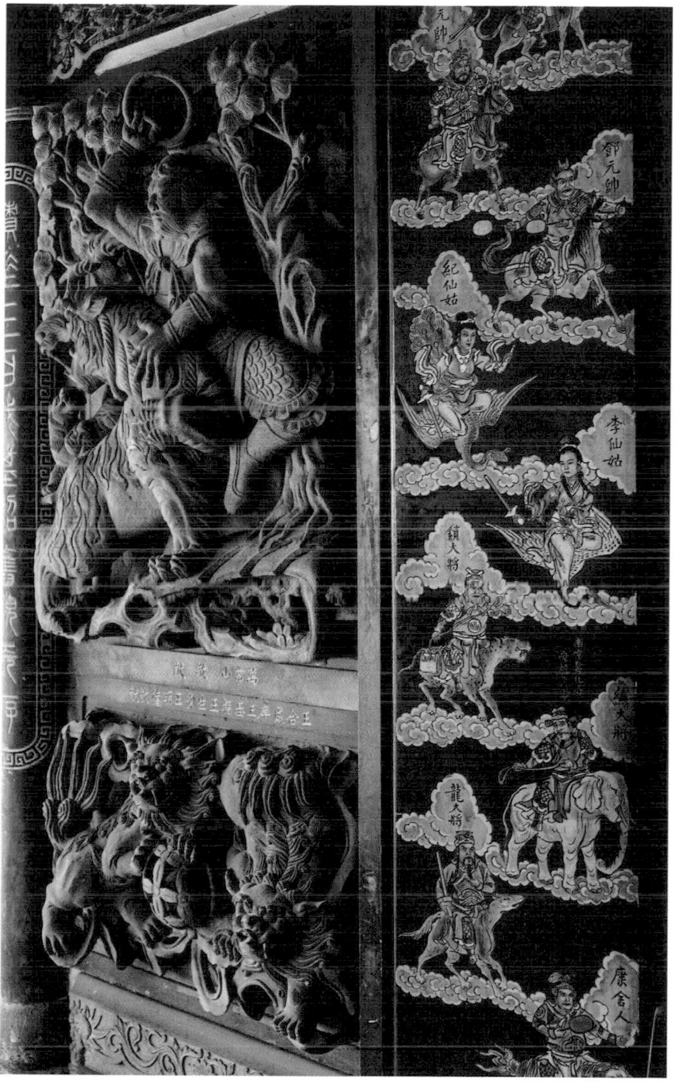

安平妙壽宮三川殿虎邊，台南著名彩繪師潘岳雄繪製之三十六官將。

平人懷念鄭成功，就把熱蘭遮城改為「王城」，安平有一條「王城路」，便因此而來。

康熙二十二年（一六八三年），海峽兩岸局勢逆轉，鄭成功的孫子鄭克塽戰敗降清，施琅入台。清廷在台南市區建台灣府署和台灣縣衙，熱蘭遮城的使用功能轉為「台灣水師協鎮署」。雍正年間，改名「磚城」。乾隆四十三年（一七七八年），台灣知府蔣元樞見潮水衝擊安平西方沙岸，恐沙岸坍塌危及磚城，便興建海堤，後人稱為「乾隆海堤」。

道光二十年（一八四〇年）鴉片戰爭爆發，台灣兵備道姚瑩，為了抵抗英軍犯台，積極籌設海防，修築原有的城牆和砲台。此時磚城被改名為「台灣城」。因為台江內海淤積，台灣城已經失去軍事城堡的功能，但是當作一個儲藏軍需彈藥的倉庫，仍舊很適合，可以說是清朝的古蹟再利用。

一連串的戰爭失利後，《天津條約》簽訂於咸豐八年（一八五八年），安平被開放為貿易商港，外國商人及傳教士紛紛來台，安平陸續設立外國機關、洋行、領事處、海關，洋行大量傾銷鴉片及工業革命後生產的多項商品，府城行郊從此日漸沒落，終於消失。

同治年間，台灣城成為「軍裝局」，為兵械火藥倉庫。同治七年（一八六八年），英軍逼清廷開放樟腦自由貿易，爆發「樟腦戰爭」，一八六九年，兩艘英艦於安平外海砲轟安平七次，重創熱蘭遮城，英軍更突襲安平協領署，副將江國珍倉促應敵，受傷後

日治時期熱蘭遮城被改為洋式廳舍並建立燈塔，戰後燈塔改建為現所建鋼筋水泥結構。(李乾朗教授提供)

上／妙壽宮山牆的優美線條，俗謂「牽手規」，前殿屋頂牌頭做工精巧複雜。下／古街老屋上的風獅爺。

服毒自盡。軍裝局全遭燒毀，熱蘭遮城內城被完全轟炸殆盡。最後清廷只能與英國妥協，由郊商出面賠償軍費及教會損失，這場戰爭，熱蘭遮城完全被摧毀。

同治十三年（一八七四年）發生牡丹社事件，清廷派欽差大臣沈葆楨來台修築堡壘，預防備戰。隔一年，也就是光緒元年，沈葆楨從已經殘破的熱蘭遮城取得大量磚材，請法國建築師於二鯤鯓沙洲建造新式砲台「億載金城」，於是，億載金城成了熱蘭遮城2.0版。當時居民也挖取熱蘭遮城的磚石用於自家屋宅修建，熱蘭遮城更加殘破不堪。

明治二十九年（一八九六年），日治第二年，由於熱蘭遮城已荒廢，日本人就以廢址加以整理，以紅磚砌成今之四層高台；最上層建「海關官長公館」，城下四周築職員宿舍，並將其稱為「荷蘭城」，熱蘭遮城王城、磚城、台灣城都已成為歷史名詞。

昭和五年（一九三〇年），日本總督府籌備慶祝「台灣文化三百年」。為什麼是三百年？因為一六三〇年荷蘭建的熱蘭遮城正式啟用，成了荷蘭人在遠東地區的重要貿易根據地，台灣的現代史正式開頁。

籌備期間，日本人將荷蘭城磚砌平台四周之官舍民宅拆除，並將平台上的海關公館改建為西式洋樓。此洋樓即現在安平古堡上的史蹟展示館。

民國六十四年（一九七五年），台南市政府整修古堡的環境，在燈塔上面加了一個尖型的屋頂，並將圓形的塔身改成方形，將所有的樓壁漆成白色，就是我們現在看到的「安平古堡」。

外公在《鯤島探源》一書中提過，安平古堡曾經是歐洲風情十足的城堡。我在荷蘭看過很多熱蘭遮城的古代手繪城堡圖，和現在荷蘭境內的九座稜堡非常相似。

三十多年前，外公帶我登上安平古堡，眺望鹽水溪，說很像倫敦郊外泰晤士河岸的立奇蒙丘（Richmond Hill Green），並用「美得出奇」形容這兩處。外公過世後，我特地去了一趟，還下榻著名的莊園飯店 Richmond Hill Hotel；風景優美沒錯，但美得出奇似乎言過其實，而且風景還真的不太像。也許那時外公想念英國吧。

歷盡滄桑的古堡，如今早已改頭換面，在不同的歷史季節展現不同的風情與容顏，更有過多國文化衝擊交融的過往，不論磨難或蒼茫，都已往事隨風了。

消失的赤崁夕照

羅馬有三多：觀光客多、扒手多，塞車多。羅馬白天的塞車幾乎完全動彈不得。步行，在羅馬是較能節省時間的旅遊方式。在羅馬旅行時，常看到因道路上下起伏不斷，走到氣喘吁吁的旅客。這座永恆之城建於七座山丘上，千年神殿遺蹟雲集，為著名的「羅馬七丘」。耶路撒冷、伊斯坦堡，都是類似的山丘之城。台灣也有一座建於七丘上的古城，便是舊名「赤崁」，曾為政治文化中心的台南。

台南市西邊，安平一帶，本來是海，叫作台江。台江對面有很多沙洲，稱為一鯤鯓、二鯤鯓、三鯤鯓、四鯤鯓。鯤鯓就是沙洲的意思。華人世界，各地因方言不同，對沙洲的稱呼也不一樣，比如說「晴川歷歷漢陽樹，芳草萋萋鸚鵡洲」，在長江流域下江官話裡，洲就是沙洲的意思。而江浙方言的地方，稱沙洲為沙，比如上海郊外的川沙、金沙，也都是沙洲。

而今安平一帶，以往的台江已經變成陸地，魚塭鹽田也幾乎都消失了。美麗的水鄉風景及特殊的地理景觀已不復見，唯有七丘的地形還未完全消失，尤其以健康路最明顯。七丘分別是赤崁、鷲嶺、覆鼎金、尖山、崙仔頂、山川台、山仔尾。

提到赤崁，肯定都會想到九大官廟之一的「赤崁樓」。原名普羅民遮城的赤崁樓，是荷蘭人佔據台灣時所建，俗稱「番仔樓」。一六二五年，荷蘭人以十五匹布，向新港人購換赤崁一帶的土地，設商館、倉庫、醫院，並命名為「普羅民遮大街」（今民權路）。永曆七年（一六五三年），從東印度殖民地，以船運來又大又美的紅磚，用本地的糯米、紅糖、石灰拌成一種黏著劑，代替洋灰，當地人稱為「紅毛土」。這座用紅毛土跟紅磚建成的城堡，就在普羅民遮大街旁，故名普羅民遮城。「Provintia」即英語「Province」，為荷蘭殖民地常見的地名，原為省城之意，故此城又稱「攝政城」。

普羅民遮城與熱蘭遮城隔台江內海遙遙相對，原本城堡可直接停泊大帆船，後來逐漸淤積，清代時，船隻都必須停在海灣中，用小船甚至牛車接駁上岸。最後台江內海完全消失，城堡變成在陸地中央，所以這座城堡本來是靠海的。

一六六一年，鄭成功經由鹿耳門水道，痛擊荷軍於北線尾（今洲仔尾），更於禾寮港（今忠義路成功路一帶）登陸，順利取下普羅民遮，改名為承天府，居住期間訂定規制，派兵分屯南北各地，開啟了鄭氏的歷史，奠定台灣開拓的規模。之後圍攻熱蘭遮城，九個月後荷軍投降。鄭成功去世以後，鄭經將赤崁樓改為儲藏軍械火藥之用。

上／清末知縣沈守謙在荷人普羅民遮城上建三座樓閣：海神廟、文昌閣、五子祠。下／日治後期五子祠倒塌，只剩兩座樓閣。（均為李乾朗教授提供）

康熙二十二年（一六八三年），施琅入台，往後一百多年，赤崁樓都被當成軍火庫使用。清領時期民變不斷，破壞嚴重及疏於管理的赤崁樓，日漸頹圮。同治年間，台灣中南部大地震，赤崁樓原本的荷式建築全部倒塌。

光緒元年（一八七五年），沈葆楨為牡丹社事件領軍來台，因艦隊行船平安，任務順利，便上奏朝廷准建「海神廟」於普羅民遮城的廢墟之上，以謝神恩。但因沈葆楨被急調回大陸執行新任務，建海神廟就延緩了。❶光緒五年（一八七九年），知縣潘慶辰將城垣高度削鑿一半，填實為台基，並在台基上興建龍王廟，即後來的海神廟。

光緒十年（一八八四年），清法戰爭結束，新時代新希望。光緒十二年（一八八六年），台灣知縣沈受謙為了振興文教，在赤崁樓西側建了「蓬壺書院」，在城堡殘蹟上蓋「五子祠」、「文昌閣」，並重修海神廟。

隔年，劉銘傳又在文昌閣前方重建「大士殿」，供奉觀世音菩薩，光緒年間，赤崁樓已具備了廟、閣、殿、祠和書院五大中國建築形式，高低錯落，紅牆飛簷交織成畫，美不勝收。於是赤崁樓變成文風鼎盛之處，也成為府城民眾的信仰中心。❷

一八九五年，日治始政，日本人把赤崁樓改成「陸軍衛戍醫院」。之後，蓬壺書院因地震損毀，五子祠亦毀於颱風。大正七年（一九一八年），赤崁樓改為日語學校和學生

宿舍，醫院遷離。昭和十年（一九三五年），重新發現普羅民遮城的舊城門，又發掘荷蘭砲台遺跡，因此將赤崁樓改為歷史館，指定為「重要史蹟」。[3]

昭和十七年（一九四二年），赤崁樓因颱風再度受損，日治時期的「末代市長」鳥羽又男籌劃修復赤崁樓。他不顧皇軍反對，上報總督府，促成總督府組團隊進行大規模整修。今赤崁樓仍有鳥羽又男市長的銅像，乃是感謝這位末代市長，在太平洋戰爭之際，財力窘迫下仍進行古蹟維護，為台灣留下珍貴的文化遺產。

台灣光復後，赤崁樓被改制為「台南市歷史博物館」，原本在大南門城內的九座御贔屭碑座，遷移到赤崁樓台基處，靠著牆邊一字排開，赤崁樓顯得更加壯觀。

如今的赤崁樓，古蹟、古物仍然很多，包括普羅民遮城稜堡遺跡、紅毛井、斷足石馬、御贔屭碑座、義民祠牡牝石獅、魁星爺神像、碑林等。

鄭成功去世後，葬於台南縣永康鄉鹽行村洲仔尾。康熙三十八年（一六九九年），奉「恩旨」遷葬福建南安故里，其原有陵墓逐漸被淹沒於荒煙蔓草中。乾隆五十一年（一七八六年）林爽文之變，清朝將官鄭其仁殉難，遺族認為鄭成功陵墓的風水好，於是特別請官府允許將其葬在洲仔尾；當時墓前有兩匹石馬，稱為「石馬墓」。後人曾誤將此墓當成鄭成功墓寢，今已正名。石馬一匹已失，另一匹斷足石馬，即今赤崁樓所見。

乾隆五十一年林爽文之變，清將福康安率軍來台鎮壓，乾隆皇帝親傳詩文，以旌其功，這就是御贔屭碑座，赤崁樓總共有九座。贔屭馱碑，在中國隨處可見，並不稀奇，但在台灣是罕見之物，而且碑文用漢滿兩種文字同時記載，更是少見。

贔屭碑其實原本有十座，渡海來台的途中出了包，其中一座失落在台灣海峽中，數百年來滄海桑田，當初那座碑的失落處也成為魚塭，卻常發生一些難以解釋的神祕事件，如魚塭中的魚失蹤，或是魚塭半夜會發出亮光，當地居民因而請示保安宮五府千歲。明治四十四年（一九一一年），經五府千歲指示，掘出僅剩底座的贔屭像，並移至南廠（今保安街海安路口）保安宮內，當地人稱為白蓮聖母。

白蓮聖母在移入南廠保安宮後，曾引起祭祀風潮。當時有傳說，不孕症婦女將糯米丸捏成龜蛋狀後供奉給白蓮聖母，再食用糯米丸即可受孕。其香火之盛，甚至驚動日本

上／文昌閣南側豎立九方贔屭碑，記錄乾隆派福康安平定林爽文事件。（李乾朗教授提供）下／赤崁樓牆下陳列台南附近出土數方石碑及石馬，皆述說著動人的歷史故事。

南廠保安宮的白蓮聖母，有不少不孕症婦女求子。

政府，認為這是迷信，因而禁止這種祭拜行為。

現在贔屭碑仍在南廠保安宮內，當地信眾仍相信白蓮聖母的神威，廟方在贔屭像背部放清水供信眾求取，據說可保健康平安並趨吉避凶。

赤崁樓是台南市內最著名、也是外公最常帶我去的古蹟，是台灣的「超級古蹟明星」；最想念外公講石馬和贔屭的故事，百聽不厭，繞樑不絕。

「孤城百尺壓層波，一抹夕陽傍晚過」，清人錢琦曾立於城樓，讚嘆黃昏晚霞照映下的美好赤崁樓。如今環境變遷，周圍高樓林立，已無景觀可望，「赤崁夕照」早已消失，只能從詩詞中想像了。

❶王浩一，《在廟口說書》，心靈工坊出版社，二〇〇八年十二月五日。
❷王浩一，《在廟口說書》，心靈工坊出版社，二〇〇八年十二月五日。
❸王浩一，《在廟口說書》，心靈工坊出版社，二〇〇八年十二月五日。

府城老味道

台南市的周邊，物資豐饒，禾稻每年收成二次，魚肉雞鴨海鮮甚少匱乏（除了近年的火燒蝦），水果尤多，居民日常飲食多珍味，傳統飲食更是留存古風，可惜城市過度觀光化，許多老店因名聞遐邇而自我膨脹，好滋味及人情味永遠消失，令人惋惜。

孩提時代，外公帶著我散步美麗豔紅的鳳凰花城；幾十年過去，城裡悠閒緩慢的步調曾令我想置產久居。然而人會變，願望也會，台南漸漸成為漠然之都，刻意遠離，封印記憶。

近年開始一系列的古蹟走讀，愈來愈多人找我導覽台南；翻開幾十年前的文獻，舊日時光如江河奔流，尤其是探尋府城飲食的一年。

我用食物記錄我的旅行，去過的國家都有厚厚幾本的名片簿，每張名片記錄廚師手法、食材、味道、服務，是一生的食記。台南的食記北起白河南迄灣裡，範圍和巴黎差不多。去年開始重回府城，重新探尋記憶中感動舌尖的美味，然而，有的只剩名片可憑弔，有的後代煮法完全不到位（此情況鹿港亦多），更甚者因名氣大了，對食客呼來喝去；最嚴重的，莫過於餐具的改變，好多店家不再用瓷碗鐵筷，都用一次性的紙碗免洗筷（用紙碗塑膠湯匙吃飯，這點我最痛恨）。幾大本名片簿裡及格能吃的，大概還剩三分之一。

並不是要介紹哪家能吃，也不想抵制哪家餐廳，畢竟我的好球帶很窄很窄，我不喜歡，別人可愛得很。一堆人寫了版本琳瑯滿目的台南小吃點心全集，再雷都是名店。

台南畢竟是明清兩代台灣的政經文化中心，許多優渥幾代的老家族至今仍非常活躍，他們——

一、每天一定吃早餐（台南三大傳統早餐：牛肉湯、菜粽味噌湯、虱目魚粥）

二、有睡午覺的習慣

三、一定吃切好的高級水果及烤布甸

四、點心是手工製作的香腸熟肉

五、對飲食水準要求甚高

因為台南市仍保有很多傳統好材料製作的食物，即使不外食，也懂得上市場買最好最新鮮的食材。老家族的廚師後來紛紛成為老台菜餐廳的老闆，保留台南的筵席菜系；台南的江浙館、湖南館等外省菜館甚少，此即主因。這群懂吃會吃享受吃的老饕，便是

琳琅滿目的美味
香腸熟肉。

我心中的「隱世食神」。

在地台南好友蔡秋雲、Tessa Ko 便是很低調的隱世廚神，永遠知道老店新食況、新餐館即時動態，都身懷幾條精彩的美食動線（一日十二店，經典）。某次線上講解台南古蹟與傳統小吃，可愛的 Tessa 隔天就宅配一條美食動線給我，清代水晶餃、大婚漢餅、日治時期布甸，以及我期待好久好久的香腸熟肉。

「香腸熟肉」是台南人的高級下午茶，現在好多人不知道香腸熟肉，即使到了現場也不懂得點菜，因為覺得貴，真是太可惜了，為了美食與美人豪擲千金，可是人生最樂啊。

有人說「香腸熟肉」就是北部的黑白

切，其實天差地別。台南的「香腸熟肉」極為精緻講究，除了豬下水、燙花枝，還賣外邊吃不到的功夫小吃，蟹圓（或稱蟳丸）、豆皮蝦捲、蝦棗、手工灌製香腸、粉腸，檯面上琳瑯滿目的選擇，都是店主親自備料、做料、切料，工序繁複又兼具美味，是我心中的「街頭小辦桌」。

熟肉的台語轉音「雜什」，指的就是櫥櫃裡的數十種好料，昔時有錢人聽戲打牌，下午茶就點一輪，招待親朋好友，又因為招待朋友，必須精緻又好吃，故價格不菲，因此熟肉也被稱作「金錢肉」。

Tessa 真的疼惜我這個不成材的下屬，知道我愛吃，買了滿滿三大盒。蟳丸、粉腸、魚卵、三色蛋、糯米腸、香腸、蝦棗，滿滿一大盤，完勝大稻埕七仙女。沾台南芥末醬油膏，連續吃四餐才嗑完。食畢來一塊豆沙入口即化的鴛鴦餅，府城豪華美食真的會讓困乏之的人心自然解封。血糖控制的事再說吧，很久沒放縱口腹了。

往後再去台南，我會想起一朵彩雲，在古老的巷弄裡飄來飛去，串起一家又一家，精彩美妙的府城老味道。

關仔嶺古寺風光

台南縣白河區，舊稱「店仔口」，前身為「白河鎮」，位於台南市東北端❶，為全台南市面積僅次於南化區的第二大行政區，著名的關子嶺溫泉及關子嶺風景區即位在此區，因山間有溫泉冒出，又稱「火山」。白河屬於大新營生活圈，但從嘉義市前往，只要半個小時即可達，亦等同於嘉義生活圈的延伸。

除了白河蓮花和知名的溫泉，關仔嶺上有兩座古廟：大仙寺及碧雲寺，在佛光山大雄寶殿、佛陀紀念館以及中台禪寺未創建前，大仙寺曾是台灣第一巨剎。

大仙寺又名火山大仙寺、大仙巖，位於白河區仙草里，枕頭山西麓，關仔嶺群山的尾閭，俗稱舊岩。枕頭山古稱玉案山、玉枕山，為嘉南丘陵主峰，此地幽林疊障，白雲低翔，登高遠眺，嘉南平原盡收眼底。大仙寺矗立於俗塵滌盡、環境脫俗之寶地，為「仙人抛網」靈穴。

相傳康熙四十年（一七〇一年），臨濟宗高僧參徹禪師由福建鼓山親奉「觀世音菩薩」神尊來台，勘查取勝於四方，偶經仙草埔，見此地山明水秀，必為隱居修行之福址，乃暫將觀音神尊置於大樹下，不料神尊卻牢牢黏住，請不動、移不開，參徹禪師心知菩薩合意此地理，便自闢荒野，結廬供奉，誦經勸化大眾善信，而參徹禪師也成為大仙寺的開山鼻祖，即第一代住持。

乾隆十二年（一七四七年），參徹禪師弟子鶴齡禪師（第二代住持）走訪地方，盼仕紳出錢出力、共襄盛舉，得仙草埔、坑內、白水溪、岩前與嘉義三層崎等村落慷慨解囊，募得六百元，於今日小山門後方創設佛殿；於是，這座由地方團結凝聚力量而興的「火山大仙巖」就此誕生。

乾隆五十五年（一七九〇年），諸羅縣（嘉義縣）營參府軍官洪志高與鶴齡禪師兩人，再度發起修建工作，境內及全台善信輸誠樂助，醵資一千圓，整葺工程順利告成。

嘉慶元年（一七九六年），鶴齡禪師之徒應祥禪師，精研堪輿之術，於枕頭山南面山腰覓得一靈穴，名為「半壁吊燈火穴」。為求與大仙寺一氣相連，靈光互映，並作為晚年靜養禪修之地，乃建草廬，並自大仙巖分迎觀音佛祖一尊來此供奉，此即碧雲寺之開基。嘉慶十三年（一八〇八年），建立寺宇大殿，稱為「碧雲寺」，又稱「新岩」，大仙寺因稱「舊岩」。

嘉慶十四年（一八〇九年），太子少保王得祿（一七七〇～一八四二）集金將大仙寺初建之佛殿，遷移至今大雄寶殿現址。同年，元配夫人范氏逝世，王得祿回鄉將其厚葬，並在大仙巖前擇福地建造墓園。

嘉慶二十二年（一八一七年），時任台澎水師的王得祿敬獻「大發慈悲」橫匾一座。（此匾現放置於大雄寶殿內左上方）

嘉慶二十三年（一八一八年），王得祿見大仙寺在歲月、風雨侵蝕下，漸呈頹壞，乃主其事，與第四代住持允謙禪師共募緣金一千圓，大事修築，重興寺貌。

嘉慶二十四年（一八一九年），官拜欽命提督福建省水師軍務處二等子爵的王得祿，復敬立「重興大仙巖廟碑」一面。同治八年（一八六九年），斗六都司（中級軍官，類似今之上尉）吳志高居士募款五百元，重新修繕大殿。

道光七年（一八二七年），王得祿獲悉范夫人墓園常遭附近牧童破壞，特立石碑警告，其碑文大意為：「下令府道直轄官署，范夫人墓園內，不准牧童放牛，違者嚴辦。」另一傳說：范夫人長眠後，因受不了大仙巖內「晨鐘暮鼓」之梵唄，於墓園下不得安樂，故屢傳夢給王得祿；王得祿大為震怒，遂派員將大仙巖內之鐘鼓搗碎，持其碎片吊於寺前大古榕樹上示眾。這些碎片直到二次大戰期間，日人搜括民間鐵銅器，才被日人帶走。之後，范夫人的骨骸被其後代子孫迎歸嘉義故里，與王得祿合葬，而遺留的墓廓，則被開參禪師作為興建兩座南北納骨塔的基石。

光緒二十年（一八九四年），清朝於甲午戰爭中戰敗，隔年簽訂《馬關條約》，將台灣割讓給日本，有志之士群起抗日，當時白河地區就有黃振、黃國、黃玉麟、黃添等人據守碧雲寺抗日。日軍包圍碧雲寺，同時大仙寺亦遭劫，後香火式微，廟宇荒廢。後經第五代住持心下禪師、第六代心西禪師、第七代瑞入禪師等慘澹經營，寺務不振，寺宇荒廢不堪。

大正四年（一九一五年），大仙巖管理人為台灣龍華會會長廖炭居士。廖炭居士是白河地方的望族，自幼文武全才，尤精武術，中年皈依佛門，人稱「炭獅」或「炭師」，地方人士都叫他「廖仔炭」。

炭師為人慷慨，見大仙巖寺宇傾頹，發願重建大雄寶殿，特親往日本學習寺廟建築法，返台後與住持德融禪師（第八代住持）溝通，配合仙草埔仕紳朱保羅、吳順安等居士擴人募捐，得淨財五萬九千圓，仿日本奈良大佛寺之規模，精心擘劃，重建大雄寶殿，費時十年，至大正十四年（一九二五年）始告完成。梵宇莊嚴宏偉，雕樑畫棟。

大仙寺最特殊之處為大雄寶殿屋頂的「日本式屋瓦」式樣，為全台僅有二座有日式屋頂構造的寺廟之一，另一座為新北市的新莊地藏庵「大眾廟」（特色為日式平瓦及鬼

大仙寺最特殊之處為大雄寶殿屋頂的「日本式屋瓦」式樣，為全台僅有二座有日式屋頂構造的寺廟之一。

瓦當）。

大仙寺大雄寶殿的屋面是日式作法，屋內的木構造則採「抬樑式」與「穿斗式」（為中國傳統建築木架構的建築方式）混合使用的作法，加以具中國傳統寺廟色彩的彩繪，形成以日本佛寺為表，中國寺廟傳統建築為體的中日混合風格，在台灣的寺廟中相當少見。內部由台灣知名漳派首席大木匠師陳應彬（一八六四～一九四四）及泉州惠安溪底派匠師對場作完成。❷

廟宇的龍柱一般均為石雕、檜木或泥塑，大仙寺大雄寶殿內的龍柱，則是朱紅底繪蟠龍，為佛寺建築的傳統作法「披麻捉灰」，先在木料表面塗抹二至三道油灰，綁上麻布後，再塗二至三層灰，等灰泥陰乾，再上數層桐油，儘管手工繁複，卻可獲得更好的平整、防潮、防腐、防蛀和不易剝落等效果。

大仙寺大雄寶殿的門神，和殿後韋馱尊者後方的「大悲出相圖」，皆出自曾獲教育部民族藝師薪傳獎的名彩繪師潘麗水（一九一四～一九九五）之手。大悲出相圖繪出大悲咒中的諸佛法相，是其少見的大幅寺廟彩繪作品。（台北大龍峒保安宮正殿走馬廊的七幅巨畫，即為潘麗水最著名的神級作品）

正殿通樑上的「擂金畫」，是由彩繪大師李漢卿（一九三五～二〇〇二）於民國六十二年（一九七三年）所作，作品為「花開富貴」，將樑架點綴得五彩繽紛。

大雄寶殿後方柱子上，有一幅由九十六個字組成的「文殊菩薩降魔杵偈」勸世詩文，是出自大仙寺心元法師（生年不詳～一九六九）手筆，偈上的每個字都以四十五度角的方式歪斜倒置，且直唸、橫讀都毫無章法可言，不明就裡的人還以為只是書法表現。但其實這九十六字為七言十六句詩（每七個字一句，共十六句），讀起來連同重複者共有一百一十二字，每句的結尾字取其偏旁或部首，再當作下一句字首，如此反覆將九十六字繞一圈，就成為一篇精彩的勸世文。因內容頗為深奧，若無人指導，還真不易看懂。❸

大仙寺面積甚廣，寺中古木參天，山林蓊鬱，拾級上山，到處置有石桌、石凳，供遊人小憩。漫步林蔭，仰面不見天，走到盡頭，卻開朗了，極目四望，東邊群山連綿，西邊是廣闊的嘉南平原，真可謂人間絕景。

大仙寺現存許多古今楹聯，都很大器雅緻。其素齋用料實在，清淡可口，幾十年前吃過香菇青江菜素餃及瓠瓜包子、炸牛蒡豆包麵，至今念念不忘。再度前往，本以為可大快朵頤，不料因為疫情，已三年不做齋席，有點小小失落。細讀廟中對聯，倒也寬心，希望往後仍能重享美味。

火洞臬祥雲紫氣常騰三寶地

山峰懸慧目靈光普照萬家春

大殿築三層寶剎談玄無俗客

仙寰涵八景名山掛單有高僧

大仙寺迄今廟貌完整，古色古香，宏偉壯觀，是我極力推薦必遊之地，更是我心中台灣首屈一指的名剎。

❶林衡道，《鯤島探源》第二冊，青年戰士報社出版社，民國七十二年（一九八三），頁七三七。

❷內政部台灣宗教百景網站—白河大仙寺：https://taiwangods.moi.gov.tw/html/landscape/1_0011.aspx?i=77。

❸林衡道，《台灣勝蹟採訪冊》〈大仙寺風光〉，民國60年3月，台灣省文獻會。

上／大仙寺大雄寶殿，為全檜木大殿。下／大仙寺觀音寶殿，屋瓦鋪北式黃色琉璃瓦。

大仙寺迄今廟貌完整，古色古香，宏偉壯觀，是我極力推薦必遊之地，更是我心中台灣首屈一指的名剎。上圖為大仙寺全燕尾脊式山門。

上、下／大仙寺大雄寶殿屋內的木構造採「抬樑式」與「穿斗式」混合使用作法，殿內四點金柱為彩色磨石子龍柱。

上／大仙寺大雄寶殿所供的韋馱尊者及後牆大幅壁畫為「大悲出相圖」。下左／大雄寶殿後方門板係由李漢卿畫師繪製的「達摩祖師」。下右／大仙寺大雄寶殿的門神和「大悲出相圖」，皆出自曾獲教育部民族藝師薪傳獎的名彩繪師潘麗水之手。

南鯤鯓代天府

李乾朗教授對我說：「你應該參加學術研討會，看看學者們發表論文，正式學習論證。」能見世面修業，求之不得，必須去。師母便幫我報名參加為慶讚建廟三百六十週年，南鯤鯓代天府所舉辦的「代遠天長——南鯤鯓代天府三六〇大圓周，代巡信仰國際論壇」。

三天兩夜的論壇，參加討論者的食宿全由南鯤鯓代天府免費招待，但這種超級好康根本輪不到我，因此訂了代天府附近的「鹽鄉民宿」。週五晚間，我一下課就立即驅車南下，抵達時已午夜。民宿很小，房間完全不豪華，但乾淨整潔，一般旅館該有的設備俱全，最特別的是竟然有製冰機提供冰塊，太令人感動之一。老闆娘親切貼心，知我隔日一早要參加論壇，特別提醒除了學術會議，隔天代天府還擴大舉辦「二〇二二鯤鯓王平安鹽祭」、「二〇二二藝陣演義活動」，再加上原本週末既有的大量進香團、單車團，肯定人山人海；一再叮嚀我要早點去，免得無車位可停。

隔天早上，老闆娘問我早餐要吃啥，我說白飯煎蛋熱茶即可。老闆娘笑一笑說：

「我們台南人早餐吃得比較好耶。」雖只有我一人住宿，但老闆娘還是端出一大鍋虱目魚粥，不管怎麼撈，都是滿滿的蝦仁、花枝、虱目魚丸、胸肉。魚粥燙口鮮甜，連嗑兩大碗，振胃醒脾，十分受用。台南人待客的「誠意」完美呈現，太令人感動之二。

「鹽鄉民宿」就在井仔腳鹽田旁，虱目魚料理有口皆碑，我常推薦，更常光顧。乾煎虱目魚肥美無刺、新鮮不腥，肉質緊實如高級海魚；切片的香煎虱目魚香腸不乾柴，爽口多汁，冷了依然風味絕佳。昔日國姓爺為求士兵有足夠的蛋白質，大量繁殖虱目魚，如今料理方式百百種，不只成為府城人的日常，更是登上國宴舞台的珍饈。蚵仔拌麵線看似簡單，麵線佐少許油蔥韮菜末，拌著碩大的鮮蚵，看著就心情愉快，吃著滿口海味，滿心歡喜。三道樸實的家常菜，是我心中的「鹽鄉三絕」。

曾經在台南住過一段時間，不論在大館子或小食肆吃喝，總是料好實在，主人待客如老友，那時的府城，溫暖處處，十足的「誠意之城」，如今往事只能追憶，卻讓我在這鹽鄉重溫這份美好。

不愧是在地人，老闆娘說的完全應驗，單車客絡繹不絕，進香隊伍鑼鼓喧天，遊覽車陣仗龐大。還好聽話早出發，真的停到最後一個車位，有驚無險。

很小的時候，外公林衡道曾帶我去過南鯤鯓代天府，從台南市搭興南客運（如今

有「台灣王爺總廟」稱譽的台南北門南鯤鯓代天府山門大牌樓，許多信眾以為牌樓支柱只是漆上紅漆的水泥柱，其實它是12 根千年檜木，由名匠王益順堂侄王錦木承建。

為大台南公車），很久才到，下車後還要走一大段路。那時代天府還沒有現在的十二巨柱宏偉山門，古色蒼茫。周遭都是鹽田，沒有賣吃的，我們還帶了旅館準備的便當。外公那天說了很多王爺廟的傳說、祭典，當時完全聽不懂，只記得外公一直誇讚三川殿的「旗球戟磬」堵，說是全台雕工最細緻的石堵。外公還說：「清朝官方媽祖信仰中心是台南大天后宮，民間是北港朝天宮，民間王爺信仰中心就是南鯤鯓代天府。這些大廟都有旗球戟磬堵，意即百姓入廟所求，不過是祈求吉慶而已。」從此以後，我到每座廟都先找這四樣，比例真的很高，這大概是學習欣賞廟宇石雕的開始。

如今的南鯤鯓代天府不只是巨剎，更是「活的傳統建築博物館」；泉州名匠王益順於一九二三年重建廟宇本體、一九八三年國家級薪傳獎大師王錦木（王益順堂侄）承建十二柱大山門、一九八八年漢寶德教授設計山景「大鯤園」，以及軸線建築系統、凌霄寶殿、槺榔山莊、萬善堂、鯤鯓王會館、園林景觀，古今建築和諧交融，早已是國際級的「王爺信仰文化宗教園區」。廟裡還開了家7-11，真是全台罕見。

論壇準時開始，李教授以代天府的地形、風水為出發點，再提到王益順建造的四座廟宇（艋舺龍山寺、台北孔子廟、新竹城隍廟、南鯤鯓代天府）的興建過程，以及最精彩的「鬥八藻井」結構說明，並比較與彬司的（陳應彬）長枝八卦藻井的不同之處。四十五分鐘的精彩演說，對我來說簡直是「神之聲」（李教授在我心中是神級大師）。結束後，林明德教授對於論文內容提出質疑、並略為批判，李教授一一回覆，再由學員提出問題，整場討論會好不熱鬧。第二場吳騰達教授的「宋江獅起源」亦是如此，各路高人提出不同意見，彼此腦力激盪，才能激發新的力量，新的學問。席間還有日本、泰國、馬來西亞的古蹟專家，午餐時聊了大馬的古蹟保護，眼界大開，原來論壇就是學術界的比武大會。

雖然來過南鯤鯓代天府很多次，參加論壇卻是頭一回，恩師親自導覽代天府，更要認真學一次。適逢安平鹽祭，論壇進行時廣播聲量極大、鞭炮聲猶如機槍掃射，兩位教授卻不動如山，沉浸在自己的世界，完全不受打擾地完成論述。李教授導覽時受到的干擾更多，又是進香團、又是香客人潮，正殿還拉起紅龍不得參觀。李教授按照自己的節奏，將隊伍導引到淩霄寶殿，講解這類新式鋼筋混凝土廟宇，細細解說代天府八座藻井的建材、進程、優點。教授認為南鯤鯓代天府是王益順在台最精鍊的作品，更提出古建築是有機體，會因時空及人的因素增減變化。和教授相處久了，知道教授常以國外案例詮釋保護古建築的新方式——「與時並進」，但堅持對的古法，代天府即為佳例。

午餐後，李教授說：「麻豆護濟宮離這裡不遠，廟裡有陳玉峰最細膩的門神，你去走走，拍照記錄。」

從南鯤鯓到麻豆，不到半小時就到了。週末午後的麻豆街頭空空盪盪，從人馬雜沓的代天府巨剎到只有我一人的小古廟，彷彿穿越時空，四周安靜無比，時間彷彿凝凍。與玉峰大師的門神作品對望，竟有種置身歐洲教堂與雕像對望之感。

難得能與恩師到台南修業，細看了兩座古廟，見識代天府建築的新式宏偉與古風並存，諸多古今名匠的傑作依然屹立，未曾消失。不論規模大小，長期維護古廟的內在精神、外在價值，不因人事更迭而改變，是此行的核心價值。二十四小時快閃台南，收穫滿滿。

全台民間王爺信仰中心——南鯤鯓代天府，
廟前樹立高聳插天的旗杆，上有旗斗。

上／台灣王爺信仰總廟——南鯤鯓代天府。下／恩師李乾朗教授導覽南鯤鯓代天府。

上／近年所建凌霄寶殿小藻井。下左／南鯤鯓代天府祈求吉慶的旗球戟磬堵。下右／代天府後殿的八卦藻井。

擁有陳玉峰所繪最細膩門神的麻豆護濟宮，屋脊採西施脊，交趾及剪黏工藝皆為上乘之作。墀頭有典型的憨番扛廟角。

左、右／陳玉峰為麻豆護濟宮繪製的門神尉遲敬德與秦叔寶。

上／護濟宮武將門神特寫，神態莊嚴威武。
下／護濟宮宮娥門神特寫，神態溫潤慈祥。

精彩的濁水溪文化

每回南下，第一站總在西螺歇腳。西螺休息站是設備完善的大規模休息站，洗手間乾淨、免費還超級多間，站內特產不少，服務人員還算親切，與義大利、法國的休息站相比，已是天堂。尤是是揮舞紅白旗的神祕便當，便宜美味又稚氣可愛的交易方式，真是此景只有台灣有。

雲林縣有「台灣糧倉」之稱。物產豐饒不在話下，但雲林深厚的文化底蘊，其實應和府城鹿港齊名。每次我揪友人同遊雲林，大家都說去過北港朝天宮，不想再去。彷彿雲林只有北港，沒別的地方可去，這就好像講到印象派，人們大多只知莫內雷諾瓦畫派，殊不知社會都市型態的改變發展，才是促成印象派繪畫主題的推動力。雲林亦然，豐富的物產及堅定的民間信仰，讓此地成為眾神庇佑之地，悠久歷史的遶境慶典，成為聞名於世的宗教風景。

濁水溪自古經過河道幾次變遷，清代濁水溪的河道，在今濁水溪之南，靠近虎尾鎮，所以清代的古地圖並無濁水溪，而是寫成「虎尾溪」；「濁水溪」此名是到日治時期才普遍化。濁水溪氾濫時常帶來災害，所以兩岸無法發展成大都市，西螺即為濁水溪沿岸唯一人口密集的都市，其他則是田園和人口稀少的聚落。雖然沒有顯著的都市建設，但因此地為農產富庶之地，清時大陸來船溯濁水溪，進入彰化縣的北斗，交通還算方便，溪的沿岸就形成一種特別的濁水溪文化，諸如西螺的「喊拳賣膏藥」及虎尾鎮的「司公」、「布袋戲」；麥寮鄉的「歌仔戲」等，濁水溪的文化保留了完整的鄉村文化，無城市文化的過度裝飾，卻有清新古樸、文雅可愛之感。

這條蜿蜒近二百公里的大河，自古就被當成劃分台灣南北的天然和人文界線。溪南，是典型的熱帶氣候，溪北，則為亞熱帶氣候。每當台北陰雨綿綿，一過濁水溪天氣就放晴了，田野風光綿延不絕。德國大文豪歌德在《迷孃曲》有句名言：「你知道南國的風光嗎？」歌德未曾到過台灣，但他心中的南國，以此地寫照，應該很貼切。

氣候的南北劃分，可從生態窺見端倪。有個有趣的故事：相傳國姓爺率領大批軍民登陸台灣，最強大的敵人就是荷蘭東印度公司的軍隊。當時由瑞典籍總督揆一率領的荷蘭軍，決定在某個夜晚突襲鄭成功軍隊的駐紮地。由於荷蘭人行蹤隱密，鄭軍竟一無所悉。當時有一隻壁虎認為大事不妙，連忙號召所有濁水溪以南的壁虎大聲鳴叫，驚醒熟睡中的軍士，荷軍因此夜襲失敗。鄭軍大捷後，鄭成功為了感念壁虎的貢獻，將牠們封為「鐵甲將軍」。

壁虎原本是不會叫的，但濁水溪以南的壁虎在緊急情況大聲鳴叫，自此南方壁虎都會叫，而濁水溪以北的壁虎因為沒有收到「召集令」，所以至今仍不會鳴叫。

這個故事當然只是傳說，會叫的壁虎稱為蝎虎，牠能由喉部發出聲音，主要分佈於台灣中、南部；其他常出現於住家環境中的壁虎，尤其是北部常見的無疣蝎虎，無法發出明顯的叫聲。人民愛戴國姓爺，神化他的事蹟，即使他沒去過的地方，也編造許多故事，台北市的劍潭、鶯歌的鶯歌石，就是最好的例子。

濁水溪也是人文上的南北分界線。清末英國長老教會來台傳道時，以濁水溪為分界線，分成南教會和北教會，北教會在淡水，南教會在新樓，昔時「長老教會南北會議」即淵源於此。

日治時期推行「工業日本、農業台灣」的經濟政策，採取「南糖北米」的方針，即是濁水溪以南鼓勵種甘蔗，以北鼓勵種稻穀。

昔日有東螺、西螺之分，東螺即今彰化縣北斗鎮、田中鎮一帶，西螺即屬雲林縣，相傳這裡地形宛若螺形，又位於西邊，故名西螺。昔時傳說「西螺七劍」是台灣的武林發源地，其實只是「西螺七欠」的附會。廖姓是西螺大姓，清代即以高強武術見長，分

西螺張廖家廟「崇遠堂」，為台灣宏偉的家廟之一，殿宇軒昂、氣勢動人，秀面出自著名泥水匠廖伍之手。

類械鬥常勝常捷，昔時西螺國術館林立，廖姓貢獻頗大。電影《一代宗師》中出現武館林立的佛山，西螺便是台灣的佛山。

西螺另一大姓張姓，相傳一世祖娶廖氏為妻，廖氏娘家無後，其子兼祧張廖二姓，演變成台灣特有姓氏「張廖」，出現所謂「生廖死張」的現象。其祖廟張廖祖祠，俗稱「元子公」，號稱「崇遠堂」，從祖廟分衍的後人，不論姓廖姓張，血緣不分彼此。祖祠外停車場牆壁上，刻有七條教訓，由七個分支的子孫、七個派下輪年祭祀，稱為西螺七嵌，或西螺七欠，即後來牽強附會為西螺七劍的由來。崇遠堂是一座屹立於蒼翠稻田中的壯麗殿宇，與台北陳德星堂、台中林氏宗祠並列為全台三大宗祠，去西螺必遊。

西螺鎮古廟古蹟甚多，三山國王廟、石敢當……至今猶存，以媽祖廟最富盛名。其中福興宮稱為舊街媽祖，廣福宮稱為新街媽祖，擁有全台少見的一街二媽祖廟對望的景觀。尤其福興宮媽祖有求必應、有祈必安，故被尊稱為「西螺媽祖太平媽」，至今仍為大甲媽祖遶境駐駕聖殿，見證西螺古往今來的繁華。

廣福宮供奉的天上聖母，俗稱新街媽祖，創建於嘉慶年間，同治時重建。此宮為鄰近六鎮（莿桐、斗六、崙背、二崙、虎尾、林內）的信仰中心，香火鼎盛，殿宇富麗堂皇，而門外大埕的廣大，酷似台南市的大天后宮，為尋常媽祖廟所望塵莫及。廟方留有

上／「崇遠堂」匾懸掛在八仙石門楣之上。下左、右／被關在籠子裡的全台最大石敢當。

「廣福宮大眾廟碑記」一方，文字磨滅，無從判讀，由於清時西螺盛行械鬥，為祭祀陣亡者，因此有大眾廟的創立記錄。更有趣的是，老大媽還會至許多國道休息站出巡，有「國道媽」之稱。

西螺不僅武風盛，文風亦然。嘉慶年間創建的振文書院，供奉文昌帝君，殿內留有清嘉慶時所立的古匾，殿內光緒壬辰年立的對聯刻在古老的石柱上，與殿外鋪設於路上的古磚，互映蒼茫古色，至今仍維護良好，為西螺最重要的文昌祠。

在此眾多歷史陳跡當中，最有感情的就是外公林衡道指定的石敢當。幾十年前的西螺老街，有很熱鬧的菜市場、打石鋪、老麵店。街上的醬油鋪（那時還沒有大規模的觀光工廠）很有誠意，煮一大鍋飯，煸一盆豬油，招待上門買醬油的貴客一碗豬油拌飯。優質的西螺米佐最純正的蔭油，昔時外公常常一吃三碗，回家仍念念不忘，一直說西螺是好地方。外公曾帶著我走到大同路的巷子，說這是全台最大的石敢當（今移至大同路底河堤邊）；而今西螺米的飯香依舊，醬油工廠林立，石敢當卻被關在籠子裡。關著的石敢當如何鎮邪擋煞？無獨有偶，大溪「林本源發祥之地」的紀念碑，沒被關在籠子裡，但被鎖在房間裡。台灣保護古蹟的方式挺別出心裁的，很妙。

濁水溪的水質良好，西螺產的米、醬油，莿桐、斗南的豆腐干、豆腐皮，以及周邊鄉鎮的農作物，品質極佳。莿桐、斗六、斗南豆皮產量佔全台七成，大埤鄉酸菜產量佔全台八成。豆皮、酸菜都是我很愛吃的家常食物，尤其是豆皮，異常狂熱。

旅行時只要當地有豆皮料理，不論奢華、平價，只要時間允許，排除萬難都要吃到，曾經為了嚐試米其林湯葉會席料理，去了京都十幾次。北野天滿宮對面的「東陽茶屋」、觀光名店南禪寺「順正」、四条下「喜幸」、嵐山「松枝」、三条「豆水樓」以及嵯峨野隱世小廚「松籟庵」，千年古都神廚之藝往往令我驚豔連連，這兩年吃不到，真可謂魂縈夢牽。還有一年冬天，下著大雪的法蘭克福冷到耳朵都快凍掉，索性找家華人經營的火鍋店大嗑一頓驅寒，老闆聽口音知我來自台灣，拿出一大包豆皮捲請我；一看包裝，竟然是雲林莿桐製造，老闆很得瑟地說台灣豆皮最好吃，還問我如何製作。在德國遇豆皮知音，真是人生奇遇；這兩年他的餐廳屹立不搖，肯定拜美味豆皮之賜。

豆皮多產自雲林，因濁水溪水質富含石灰質，在製作豆皮時容易凝結，另外也因為盛產稻米，而粗糠是製作豆皮加熱時的最佳燃料。還有一種說法：到桃園大溪地區工作的雲林子弟，學會豆皮、豆包的製作技術之後，把技術帶回家鄉發展，再教給親朋好友發揚光大。

一直很好奇豆皮製作過程，因此多次走訪雲林，實地拜訪豆皮工廠。大部分豆皮廠

嘉慶年間創建的振文書院，供奉文昌帝君，殿內留有清嘉慶時所立的古匾，殿內光緒壬辰年立的對聯刻在古老的石柱上，與殿外鋪設於路上的古磚，互映蒼茫古色，至今仍維護良好，為西螺最重要的文昌祠。

都是傳統廠房，幾乎都沒有工廠登記證，空間狹小、高溫濕熱，不適合、也不歡迎外人參觀。

在一次會議中，認識雲林縣謝淑亞副縣長，會後我向副縣長提出想研究雲林豆皮製造，請副縣長協助，沒想到幾天後副縣長竟親自打電話，並幫我安排好參觀時間。

依約前往斗南「豆豆家族」，好可愛的名字，一點都不像工廠，現場也乾淨明亮得像科技電影中的實驗室，是台灣第一家從黃豆生產、加工、銷售，完全垂直整合的合作社。

接待我的林春吟小姐，不僅講解，更教我操作，將新鮮黃豆磨出的豆漿加少許二砂調和，口感濃郁，香氣撲鼻，喝完胃暖飽足，坊間那些加一堆水的昂貴名店豆漿，從此皆可除名。

豆漿加熱後，表面凝固成片片「湯葉」，撈起放涼摺成方形餅狀，加少許油，直接下鍋煎，撒鹽黑胡椒，我竟連吃了六片，無法停口。這最新鮮的豆皮，美味完勝京都，原來要享受豆皮界的天花板，不必行萬里路，近在咫尺。

濁水溪的地理與多樣的人文景觀堪稱一絕，西螺及周邊城鎮留下斑斑的歷史陳跡；追古溯源的同時，盡情享受隱藏版「創生再造」的美食，可說是新形態的古蹟之旅。

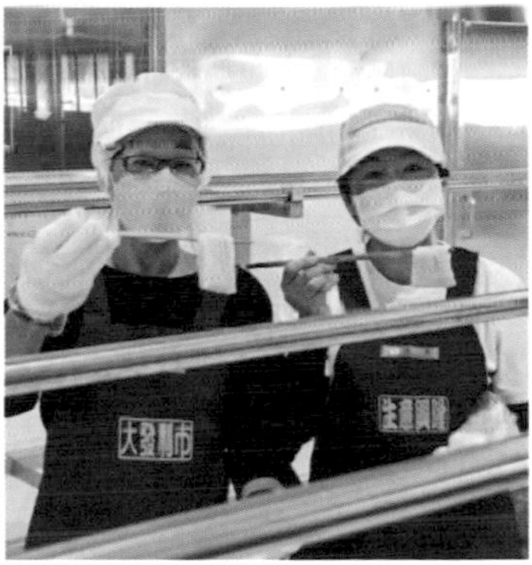

全台的豆皮多產自雲林，因濁水溪水質富含石灰質，在製作豆皮時容易凝結，另外也因為盛產稻米，而粗糠是製作豆皮加熱時的最佳燃料。斗南「豆豆家族」是台灣第一家從黃豆生產、加工、銷售，完全垂直整合的合作社。

懷舊記憶

鐵道便當

欣講堂九月要講「林衡道專題」，雖然是熟到不行的外公，但是他的社交圈、工作場合，還是有很多不知道的事，必須從其最親近的傳人們探詢。Chill Chiu 邱阿姨、葉毓蘭立委、汪詠黛總編、李乾朗教授伉儷，還有家母、阿姨們，隨時想到什麼就告訴我；不經修飾、忽然湧現的回憶，往往最鮮明真切，更會激盪出更多的往事。

李教授說：「你阿公本來食量很大，後來為了控制血糖，每次開會或外出考察古蹟，便當的飯都只吃兩口。」見我滿臉狐疑，教授連續說了兩次。記憶中，外公的食量的確極大，胃口極佳到不能再佳，邱阿姨說外公一次能吃八個便當，而外公也親口說過他在澎湖海宮大飯店一次吃四十盤握壽司的豐功偉業。（可惜那時沒有大胃王比賽，不然拍成影片，肯定是史學飲食跨界超級網紅）。仔細回想，也許是大病初癒，他晚年食量確實減少，有時候喊餓，我們就一起偷吃點心。

外公是林本源大房長公子，真正的少爺，生活習慣、教育模式和一般人不同。他常說他們兄弟姊妹童年沒有零用錢，食物由林熊祥家塾的恩田千穎老師供給，不需自己購買、下廚。這位老師很妙，把食物分成窮人吃的和富人吃的，而這影響了外公一生，更讓我的童年經常挨罵。

小時候我買泡麵、麵筋醬菜罐頭、納豆、金甘糖、枝仔冰，就會被外公罵，說窮人吃的不可以帶回家。我想吃地瓜稀飯，請管家煮，他看都不看。更有趣的是路邊攤也不行；外公在東京住了三十年，沒吃過路邊的拉麵車和關東煮，因為是窮人吃的（多麼無趣，如果是我，早就關東關西大ＰＫ）。其實外公很喜歡路邊攤，每次去台南鹿港，還不是嗑很爽，有吃又有抓。因為家規與傳統，他不喜歡我從小就在外亂吃，也不要家裡有加工食品；想想還真的很少買。

出外要上外省館，宴客要吃酒家菜、京菜，平時家聚吃王子日本料理，和好朋友餐聚吃國賓自助餐，所謂有錢人料裡即是如此。但是旅行，一定吃「便當」。

外公多次提及，日本「鐵道之旅」只要搭一次，一生著迷，而且要吃車站賣的冷飯便當，才是旅行。外公過世後，我去日本探親還禮，搭小田急線去鎌倉，吃了外公說的冷便當。後來循著小說〈前夜〉，從沼津搭東海道本線穿過丹那隧道，到達背負箱根連山、面臨相模灣，美麗的臨海溫泉城熱海，從此就愛上了。歐洲鐵道搭過更多，誤點算是很給面子，取消不通知則是完全正常，車上一堆逃票佔位的討厭鬼，有些國家車廂還髒亂無比，風景再美都糟心，難怪九州七星雖然天價，卻一位難求。很可惜，祖孫無緣同遊日本，只能按他旅行的記錄，有生之年慢慢追尋。幸而我們在台灣曾有幾次搭火車的小旅行，不算太遺憾。

搭淡水線去北投、北迴線去貢寮時，外公都會說，大正昭和之交的太平時代（一九二〇年代），台灣的火車其實不錯，歐洲鐵道是寬軌，台灣和日本是窄軌。黑色木造車廂，一等車塗一條白色橫帶，二等是藍色帶，三等是紅色帶，顏色鮮豔奪目，燃煤火車頭牽引一節節車廂徐徐行駛，很有情調的慢速火車。（我在英國湖區搭過多次，過隧道沒關窗，煤煙讓全車人灰頭土臉，相視而笑，也是情調。）

慢車行駛短途，沒有餐車，長距離的「快車」有一節餐車，稱「食堂車」，供應西餐，據說相當美味，一般人捨不得吃。快慢車上沒有點心推車，不賣飲料食品，便當和茶都必須在「驛」內購買。那時外公搭船往返台日的次數不少，更常在兩國搭火車旅行，便當成了旅途良伴。一個便當三十五錢，有飯、玉子燒、照燒、日本魚丸、水煮青菜、鹹蘿蔔，台日便當菜都相同。

因此，「便當」成了旅行的儀式，也是唯一在我們家超越貧富陋規的食物，即使菜色再簡單。

貢寮阿生便當。

大概是我九歲，登草嶺古道那次吧，堪稱最好笑的旅行。早晨出發時，管家為我們準備了一大（ＸＸＬ）一小（ＸＳ）兩個便當，一個大魔法瓶，一個我揹著的水壺，準備前往貢寮（日本人稱保溫熱水壺為魔法瓶，外公講魔法瓶的由來時，我不相信。一直到我去了日本，在百貨公司看到滿牆滿櫃保溫瓶都叫魔法瓶，才知道外公從未黑白講）。九點多搭普通車，還不到雙溪，兩人就把便當吃掉了，便在雙溪下車，去了「海山餅店」買古味蛋糕，準備帶上山。搭乘下一班火車到貢寮已過午，又餓了，貢寮車站前有一飯包舖，外公看看不太乾淨，本不買，我看到排骨便當吵著要吃，乾脆就各買一個當場吃。不料大為驚豔，外公就又買了三個，他二個，我一個。

安步當車走到虎字碑，秋風徐徐，邊吃便當邊聽故事，劉明燈、跌死馬橋、遠望坑、雄鎮蠻煙，外公溫柔地笑著說：「虎姑婆要記得喔，淡蘭古道有三條路，我們今天走的路線，是祖先林平候幫忙拓修的。」其實我只記得那天除了管家準備的便當外，外公吃了三個、我吃了兩個火車站便當，我們還吃了一大個蛋糕。

而我們當時吃的便當，就是我念念不忘的「貢寮阿生便當」，從一個二十五元吃到七十五元，十歲吃到半百。菜色樸素卻回味無窮，朋友要去東北角，我都推薦阿生。後來每次和外公聊起便當，都覺得阿生的平實，是旅程中的「安心之食」。

「便當」環繞每個人四周，像空氣般存在，平常不會特別注意，到了飯點，自然會走到熟悉的便當店。全台便當店多如繁星，各地都有排隊名店。我心中第一的便當，是倫敦華埠「麗都酒樓」的叉燒便當、星洲炒米便當。在台灣，我覺得便當素質最好、最平均的城市是台南。

周星馳的《喜劇之王》，主角尹天仇在扮演完一個很快死去的龍套角色後，從劇務領到飯盒（即「便當」）作為出演酬勞並被劇務奚落。從此「領便當」（或稱拎飯盒）就被借指故事中，一個角色因為死亡、失蹤或其他原因而下場，這是我覺得最有意思的新語言。

便當的「好」，有幾個必要因素：

一、「價廉」。說真的，超過一百二十，就不必了，只能講到這裡。

二、「菜色紮實乾爽」。要實吃，油量恰如其分，不要一堆殼一堆骨一堆湯水，吃完盒底一層油。

三、「米質佳」。最忌陳年碎米，新米飽滿無損，煮熟後飽滿晶亮，熱食香Q，冷食彈牙。日本便當之所以優於其他米食國度，米好又會煮飯是主因。

疫情期間有很多餐廳不能內用，開始推出便當；更多便當名店覺得機會來了，隨便做都有人買，實為便當界的災難。不少五星級飯店、日本料理名店、知名餐廳做出的便當，菜色怪異、難以下嚥，奇貴無比還長長人龍，真是疫情絕景之一。疫情改變了飲食生態，更激發出不少厲害的餐飲高手，歐洲領隊界的雲林文豪俠侶DANNY& NICO，平時即精於烹飪，現推出令人激賞的餐奩；吃了兩次，乾爽的紅藜飯配著七種新穎菜色，健康清爽。若說阿生是古早味的戲曲，D&N則像民謠般清新。

又要到菅芒花開的季節，去年一起草嶺古道吃便當健行的好友們，今年搭火車去，兩家的便當都帶上山吧。山風吹拂，草原上的「懇親便當會」，不輸東京賞櫻呢。

林家總管家許丙

人與人之間，即使親如枕邊人，性格上或多或少都有些不瞭解，甚至有些不能說的秘密。追尋逝者生前事蹟，一點一滴拼湊，就像偵探不斷發掘事件的真相。雖然與外公生活過一段時間，他的年代離我很遠，太多人事非我所能觸及，來不及問的事，如今都成了秘密與謎團。

講解外公事蹟課程的時間愈近，發現的問題愈多。反覆閱讀外公、外婆的回憶錄、訪談錄，發現太多矛盾與模糊地帶，搞不清楚來龍去脈。外公的訪談錄裡，提到最多次的人是他父親林熊祥，其次便是日治時期第一聞人許丙。他曾說過許多次，滿足月時，長房總管家許丙從東京將他抱到福州，交給祖母陳芷芳。還提到日本求學時期，許丙帶他吃很多東京高級餐廳，也提到他對林家的諸多重要貢獻。

許丙，光緒十七年（一八九一年）出生於淡水。五歲時，甲午戰爭結束，台灣被割讓給日本。他自日治時期台灣總督府國語學校畢業後，到板橋林家「林本源事務所」應徵，錄取後先擔任林家掌門人林熊徵（現華南金控董事長林明成之父）的日語通譯，漸漸與林熊徵從主僱關係變成 Boddy-boddy 的兄弟，角色相當於林家總管家、參謀，及CEO的綜合體，協助林熊徵撐起林家大業。

這位總管家堪稱台灣近代史上鋒頭最健的管家。板橋林家從清朝起就是台灣第一大地主，許丙把林家土地管得井井有條，幫忙化解過二林蔗農抗爭等多次危機。同時，他也是林家與日本維持親善關係的要角，什大器且仰賴許丙至深的林熊徵默許下，被林家和日本政府一路拉拔，「管」而優則仕，當過台北市協議會員、台北州協議會員和總督府評議員。接著，這位台灣屈指可數的百萬富翁，舉家搬進了日本東京澀谷區大山町，為日治時期最有影響力的台灣人。

也許財勢不如百年光華的板橋林家、鹿港辜家、高雄陳家，與新竄起的國泰蔡家、富邦蔡家、新光吳家，但是在台灣政界、商界和藝術圈的影響力，依然超出一般人的想像，何況許家與其他大家族間的聯姻關係千絲萬縷，扎實不斷，上一代累積下來的土地資產，普通財團也難望其項背。

幸得老家族之助，終於拜訪了許丙先生的孫女，久仰的許玉喧女士。初見面看來像親切和藹的鄰居阿姨，話匣子一開，不僅健談，還旁徵博引、思緒清晰飛快。原本我只想問問林衡道與許丙先生的互動，沒想到許阿姨為了探究許丙先生的貿易版圖，多次往來兩岸，蒐集很多林許兩家於福廈、上海、滿洲的貿易記錄，並從中發掘出台灣五大家族的軌跡。從這些軌跡延伸，我才明白外公的朋友圈多麼寬廣。

她拿出一張張老照片，慢慢縮小時空範圍，一一詳盡解釋照片上人物曾有的故事，以及與外公的關聯。許丙先生與台灣第一醫人杜聰明更是好交情，聽了許丙與杜聰明的往事，才明白杜聰明長女杜淑純當年如何嫁給林衡道，成為我外婆。淡水幫為何在板橋壯大，為何滿洲國是福州幫的天下，許多模糊地帶都被點通了。她一直強調熊徵先祖的大度，對許家的幫助提攜，並希望經由她的著作，為二林事件平反世人對林本源的誤解。

許玉暄女士的法學素養極高，解釋日治時期的法律淺顯易懂，對台北各老區建築物的拆遷演變、住過哪些人、發生什麼事，都記得清清楚楚，一絲不差。整個下午我只能說「哇，原來是這樣」、「哇，難怪」，完全接不上話。如果有時間旅行團，她肯定是最強的金牌導遊，不輸林衡道。

大雨滂沱的午後，三小時不停歇的歷史課，腦袋不好的我只能拚命記，離開時收穫大滿貫，前所未有的滿足。希望還能再多與高人請益，也期許自己能將先人事蹟詳實記錄。

上／許丙授任貴族院議員拜謁台灣神社。（許玉暄提供）

下／2022年9月24日，遠東建築獎餐會。右起林蕙瑤、林蕙瑛、許玉暄、恩師李乾朗教授、師母吳淑瑛、邱秀堂、王澤教授、筆者。

有教無類的恩師李乾朗

很想念歐洲的飲食時，會到標榜「德國麵包」的烘焙坊門口站一站，看著令人咋舌的價格，懷念大啖歐陸平實料理的日子，然後乖乖回家煮飯。只有德國汽車、瑞士鐘錶廣告，以及歐洲朋友的動態，讓我偶爾還會想起阿爾卑斯山的雪景，生活是真的完全不同了。

唯一還會持續和我聊歐洲的人，就是李乾朗教授伉儷。在台北這兩年，只要教授不忙，總讓我隨時去工作室找資料，問問題。教授工作室堆滿書籍、圖稿、照片、史料，幾十年來未曾改變，可說是歷史寶山。以前我就很羨慕教授的助理，可以跟著教授在寶山學習，肯定都是建築界的絕世高人。最喜歡工作室的小小盥洗室，堆滿教授教學講義，是我走讀史料的主要來源。每次翻到珍貴資料，教授總是很大心地讓我使用。我總戲稱：「工作室的盥洗室就是我的圖書館、藏經閣。」教授的手繪講義不僅涵蓋全台，中國、日本以及歐陸經典建築、文化遺產的手繪圖更是厚厚堆出一面牆。淑英師母總說：「以往去歐洲可以休息、充電，教授可以畫建築畫得很盡興，那是他休假的方式。」教授

上／與恩師在歷史博物館屋頂。下左／每次恩師都不厭其煩，當場親繪一張張透視圖，剖析結構與主題。下右／恩師正在繪製新加坡雙林寺匾額圖。

與恩師李乾朗教授闔家同遊法國聖米歇爾山修道院。(左前起：恩師千金李燕婷、林蕙瑤、師母吳淑英、李乾朗教授、筆者法國好友張德焜、後排中央為筆者)

足跡踏遍全歐，旅行經驗豐富有趣，和教授聊歐洲，不僅是樂趣，更是高層次的學習與精神行旅。應該請教授開課講「世界旅行」，肯定場場秒殺。

教授演講時，幾乎都讓我旁聽；演講結束，都向聽眾介紹我，以及家世背景。教授送我幾十本著作及研究調查報告，介紹我認識莊武男大師及知名建築師徐裕健（因為李教授推薦，他們又送我很多書），過去二十年都沒讀這麼多書，這些日子還真是沒閒著。

教授受梁思成影響，建築史觀正統，學術底蘊浩瀚無垠。知道我在大學講課，鼓勵我再進修，實務之外補強學術領域。除了《營造法式》、《中國建築史》、《清式營造則例》這些難度很高的建築天書外，更介紹我讀原文版 *A History of Architecture*，教我以學術研究的方式重溫歐洲建築。

讀了很久，即使捧著書去廟裡比對，常常還是一頭霧水，進步有限，只能再登門求教。每次教授都不厭其煩，當場親繪一張張透視圖，剖析結構與主題。當他看我出現撞牆表情時，就會取出一堆來自台灣各地的「細休阿」（零嘴），讓我邊吃邊聽他講。說也奇怪，美味零嘴下肚，心情緩了，腦筋就不打結了，很難懂的問題幾句話就解開了。這時，教授就會很高興地說：「你外公說，講話要簡短，要講讓人一輩子都記得的話，不要講半天都是耳邊風。」外公生前確實常這麼說，李教授完全傳承實踐了。

食物會聯結人與人之間的關係，美味珍饈的餘韻讓人回味無窮，這便是所謂的「食運」。很多人說我好有福氣，嚐遍美食，No No No，我可是忍受吃了很多難吃可怕的食物，翻了幾百次桌，最後才找出真正好吃的店家呢。教授才是低調的「古早味」美食家，喜歡簡單古味實吃的家常食物，不太喜歡負擔很重的宴席，光顧的食肆就固定幾間，但都無雷，這就是「食運極佳」，為有大福報之人。每次去教授的工作室，他總能變出很多好吃又涮嘴的零嘴，告訴我一兩家他喜歡的小店。前幾天在工作室聊了一下午，接近晚餐時刻，教授留我吃飯，叫了炒飯、海鮮麵，幾樣炒青菜，看來普普通通，入口卻驚豔不已，味道家常但火候到位，青菜乾淨清爽，沒有久放的油耗味，以為是哪家館子的小炒，教授很得意地說：「好吃吧，東區還能找到傳統純樸的飯桌菜小店，很難得。老闆娘假日都來洗菜、挑菜，很認真。早上十一點開門，好多人買便當，一點多就休息了，五點再營業。是當地人的重要生活食堂，只要一天不營業，就一堆人唉唉叫。」師母說的才好笑：「老闆娘有陣子眼睛痛，休息很久，附近居民忽然都不知道要吃什麼，一片哀鴻遍野。」就憑這個「哀鴻遍野」，我認真地光顧了幾次，燒肉便當、鮮蝦炒粄條，還真是上乘之作。敦化南路精華區有這個小店，真是太好了。

世上古蹟多如繁星，窮盡一生也看不盡。敢問、勇於嘗試親至觀察，才會成師，這是教授的教誨。雖然不曾在課堂上正式上過李教授的課，但教授胸襟開闊，有教無類，願意指導，分享生活點滴，我應該算是有福之人了。

上／恩師得到第六屆文化資產保存獎，獲頒人間國寶。（左起恩師助理蔡沂孜、師母吳淑英、恩師、筆者）下左／與恩師同遊巴黎建築與遺產城。下右／柯比意人體黃金比例圖。

上左／恩師帶領學習古蹟修復，爬上艋舺龍山寺前殿屋頂勘察斗栱結構。上右／恩師帶領上龍山寺屋頂檢查交趾陶。下左／與師母恩師同遊倫敦莎士比亞圓形劇場。下右／同遊倫敦眼。

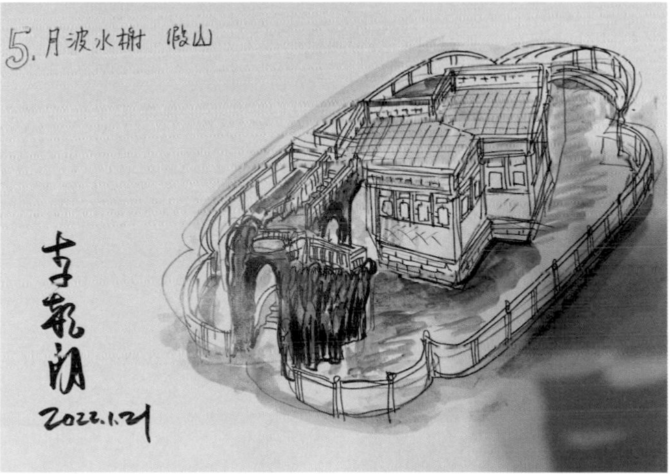

教授的手繪講義不僅涵蓋全台，中國、日本以及歐陸經典建築、文化遺產的手繪圖更是厚厚堆出一面牆。上／林本源庭園手塑假山，富國畫筆墨之神韻。下／林本源庭園最富想像力的「月波水榭」，拾級而上，池中望月。

外婆杜淑純

昨天的地震，一堆書掉下來，竟然出現一張外婆杜淑純（一九二三～二〇一八）的獎狀影本。

原件在杜聰明基金會，外婆的自傳裡也有登載。以前外婆曾經很得意地說：「我是第一高女的體育健將，而且縫紉手工一流。」

外婆杜淑純（日本名字杜純子），在美國擔任圖書館館長多年，晚年才回台。她的最後二十年，我幾乎都在歐洲工作，每次見面總跟我聊日治時期的舊事，可惜相處時間不多，學習太少。外婆思路清晰，記憶力驚人，並不亞於外公林衡道。已故台灣史學者陳柔縉曾多次拜訪外婆，採訪日治時期大家族婚姻史。

外公教我的多以古蹟研究、經濟學、林家歷史為多；外婆談及的範圍其實很廣泛，舉凡日治時期的生活大小事、學制、大家族的關聯，甚至醫學界，都很熟悉。她最厲害的就是當她講到精彩入神時，聽者彷彿跟著走進她的時代，身歷其境，最後她總會唱一首悠揚悅耳的日文歌曲，在聽眾的掌聲中同回現實。

不同時期的外婆。上／中學時代的外婆。下左／大學時期的外婆。下右／結婚前的玉照。

昭和十一～昭和十五年（一九三六～一九四〇年），外婆就讀台北第一高女。當時公立學校都是同一天獨立招生，進行入學考試。萬一落第就明年再來，沒有第二志願。昭和十一年（一九三六年）三月，外婆從樺山小學第三名畢業，就報考第一高女，她曾說：「第一高女最好，沒想過唸別間。」

第一高女即今北一女，前身為「台灣總督府高等女學校」。本來是專為在台日籍女子所設的中學校，大正十一年（一九二二年），總督府標榜「日台共學」，依據新發佈的「台灣教育令」招收台籍女生，昭和十一年（一九三六年）新生二百人中，有二至五名台灣人。

外婆在第一高女品學兼優，獎狀其實不少，民視《台灣演義》節目還曾來採訪，畢竟台北帝國大學文政學部英文學專攻卒業的外婆，是台北帝國大學史上第一位台灣人女學生、台灣人女文學士。採訪時，外婆大秀獎狀，厚厚一疊。那天，外婆那蒼老的臉龐，綻放出如少女般的光彩笑容。

外婆的少女求學時期，除了書讀得好，體育優良，縫紉女工更是一流。當時的外婆已有仰慕者，為杜聰明高足，最後當然是無緣的結局（不然寫這篇文章的就不是我了）。外婆的縫紉獎狀是出於求學的好勝，還是浪漫的情愫？就不必深究了。

外曾祖父杜聰明與外婆杜淑純，中為家母林蕙瑛，
外婆杜淑純懷中為舅舅林安世。

外公、外婆都是帝大系統，到我這代什麼大都沒有，真是丟臉。他們的感謝狀、獎狀疊到半人高，我連能說嘴的事都沒半件。收拾好地震殘局，想起最後一次與外婆的霧峰行旅，有幸當他們的後人，很幸福了。

外婆於美國取得博士學位。

上左／外曾祖父杜聰明家聚合影留念。上右／最後一次與外婆旅行。（霧峰林家宮保第）下左／莊武男老師與外婆是舊識，與外婆一起去杜聰明故居。下右／外婆在世時常去三芝杜聰明出生地緬懷父親。

福州菜

福州菜，曾是台北仕紳的最愛。

日治時期大正十年到十五年間（一九二一～一九二六年），台北仕紳家庭很流行聘請福州廚師燒菜。板橋林本源長房三兄弟由於曾長住福州，對於福州菜情有獨鍾，要求甚高。

福州菜的起源地為福建福州，是閩菜之代表，亦為閩菜萬流之宗，菜色口味以甜中帶酸為主，多使用高級食材，與上海料理的濃油赤醬、北方菜系的肉類麵點有極大的區別。福州菜中湯食的烹調方式，多以煨煮見長，鮮美淡雅，變化多端，有「一湯十變」之美稱，以佛跳牆為代表。常用的烹調方式以蝦油、紅糟取代食鹽和醬油，極少使用辣椒，注重清淡鮮香。食材極講究，烏參、蹄筋、腿庫、黃魚為基本食材。

大少爺林熊徵所用之「寶師」，堪稱當時台北第一名廚。二少爺林熊祥家廚「伊歹」，是福州聚春園餐廳的大廚，他所做的紅糟肉，據說是台北當時最高明的。

林熊光，人稱三少爺，皇家學習院畢業以後，進入東京帝國大學經濟學部商科。帝

左／林本源大房益記林熊光先生。右／ 1967 年 3 月 16 日。杜聰明第三次歐美視察出發前，大家前來機場為杜聰明送行。由左起為林衡道、杜聰明、林熊光。

大畢業後創立大成火災株式會社，是台人辦火險的第一人。

熊光叔公祖的生活很闊氣，在台北人人都坐人力車的時代，他已經擁有汽車，並在今南京西路新光三越百貨現址，興建一座西班牙風格的宅邸，生活非常風光。他的三個兒子也都進皇家學習院唸書，同時他一生喜愛字畫古董，藏品極豐。他的鑒定眼光具有權威性，備受專家學者尊重，是知名的古董收藏家。

熊光叔公祖是美食主義者，他的家廚亦是福州師傅，人稱「梅師」。梅師本來是為板橋林家長房總管家蔡法平燒菜，後來由蔡法平推薦給林熊光。

梅師的真實姓名是林維梅，綽號「伊梅」，師從福州聚春園菜系，在福州僅是學徒，到了台灣，由於廚藝精湛，大受歡迎，快速紅火，升為大廚，福州家常菜如醋溜腰子、爆糟雞、紅燒田雞、黃花魚湯、魚丸蚵仔麵線、蠔餅、光餅蚵蛋，以及點心千葉糕、芋泥、尾梨膏、葛粉包最為拿手，即使八大菜系的湖南燒鴨、北平烤鴨、廣東燒豬也游刃有餘。每回宴會，不僅讓熊光叔公祖很顯擺，梅師更因此名氣大增，成為台北上層社會無人不知的名廚。

大正十四年（一九二五年），林熊光舉家遷往東京，亦帶梅師隨行。後來台灣聞人許丙賞識梅師手藝，邀請擔任東京許宅的廚師。許丙曾任林熊徵的總管家，與林家關係特別密切，他是新象藝術中心負責人許博允的祖父。

梅師在東京跟台灣婦人「絹子」成婚，夫妻在東京銀座開了自己的菜館，身價更是不凡。二戰以後，受聘擔任東京知名中菜館「東大紅」的主廚，直至逝世。

大正昭和年間是台北飲食界的流金歲月，那時的福州菜、酒家菜都是相當美味高級的料理，精緻費工，堪稱台灣的米其林。

而今飲食文化大為改變，酒家菜幾乎已在台北消失，福州菜在台北只剩新利、大雅、水蛙園三家，口味已是見仁見智，往後廚師凋零，廚藝消失，福州名菜就變成只能懷念的無形古蹟了。

後記

這三年來，幫助我的人很多，大多是外公的舊識，雖然幾十年未曾見面聯絡，但帶著外公的自傳及作品拜訪時，這些舊友們都告訴我他們與外公相處的點點滴滴，並懷念外公當年帶著他們守護台灣古蹟的革命情感。陳仕賢、姚其中老師親自帶著我走訪各廟宇，告訴我哪些重點是外公教他的，現在要教給我。而這些人當中，影響我最大的，就是古建築研究權威李乾朗教授及師母吳淑英。李教授的視野及胸懷廣闊，他教導我看古蹟的方向不要侷限於台灣，要拓展到歐洲、日本及中國，每個星期要我去他的工作室，指導我讀很多與古蹟保護相關的原文書，並提供他數百本的著作及調查研究報告，要我仔細研讀。過去三十年在歐洲看不懂的建築，這三年全懂了。師母是策展與博物館學的權威，引領我認識許多博物館菁英人才，教會我地方創生經濟學與旅行的融合，教授更介紹我認識人間國寶匠師（如莊武男大師），不僅讓我有機會實地記錄莊武男老師的一生，更能夠親自參與神像的修復工程。

我年輕時便知，古蹟是我心靈安頓所在，每當心情不好時，只要走進古剎老屋，便覺身心安逸、歲月靜好。恩師李乾朗教授說：「古蹟是維持社會不再向下沉淪的支柱。」為求慎重，此書的完成透過多次實地走訪及田野調查，花費的交通住宿費用成本很高，讓我聯想到外公當年考察時，在交通條件不如現代便利與經費不足的艱困環境下，憑藉著使命感，完成許多著作，多年以後希望透過此書，讓更多人知道外公當年的辛苦，並更貼近台灣的歷史與文化，期待讓更多人領略古蹟的美好。

林嘉澍

國家圖書館出版品預行編目資料

古道仙蹟：尋訪阿公林衡道走讀新鮮事 / 林嘉澍作. --
初版. -- 臺北市：蓋亞文化有限公司, 2024.02
面； 公分. --
ISBN 978-626-384-049-2(平裝)

1.CST: 古蹟 2.CST: 臺灣遊記

733.6 112017722

漫漫遊 101

古道仙蹟——尋訪阿公林衡道走讀新鮮事

作　　者　林嘉澍
題　　字　莊武男（封面、書名頁）
插　　畫　查理小姐
內頁設計　蘇韵涵、藍婕綾
封面設計　莊謹銘
總 編 輯　沈育如
發 行 人　陳常智
出 版 社　蓋亞文化有限公司
地址：台北市 103 承德路二段 75 巷 35 號 1 樓
電話：02-2558-5438　傳真：02-2558-5439
電子信箱：gaea@gaeabooks.com.tw
投稿信箱：editor@gaeabooks.com.tw
郵撥帳號 19769541　戶名：蓋亞文化有限公司
法律顧問　宇達經貿法律事務所
總 經 銷　聯合發行股份有限公司
地址：新北市新店區寶橋路二三五巷六弄六號二樓
電話：02-2917-8022　傳真：02-2915-6275
港澳地區　一代匯集
地址：九龍旺角塘尾道 64 號龍駒企業大廈 10 樓 B&D 室
電話：+852-2783-8102　傳真：+852-2396-0050
初版二刷　2024 年 03 月
定　　價　新台幣 480 元
Published and printed in Taiwan

ISBN 978-626-384-049-2